Descobrir Jogos Online Grátis

Disponível Aqui:

BestActivityBooks.com/FREEGAMES

5 DICAS PARA COMEÇAR

1) CÓMO RESOLVER LAS SOPA DE LETRAS

Os puzzles têm um formato clássico:

- As palavras estão escondidas sem espaços ou hífenes,...
- Orientação: As palavras podem ser escritas para a frente, para trás, para cima, para baixo ou na diagonal (podem ser invertidas).
- As palavras podem sobrepor-se ou intersectar-se.

2) APRENDIZAGEM ACTIVA

Ao lado de cada palavra há um espaço para anotar a tradução. Para encorajar a aprendizagem activa, um **DICIONÁRIO** no final desta edição permitir-lhe-á verificar e expandir os seus conhecimentos. Procure e anote as traduções, encontre-as no puzzle e adicione-as ao seu vocabulário!

3) MARCAR AS PALAVRAS

Pode inventar o seu próprio sistema de marcação - talvez já use um? Pode também, por exemplo, marcar palavras difíceis de encontrar com uma cruz, palavras favoritas com uma estrela, palavras novas com um triângulo, palavras raras com um diamante, e assim por diante.

4) ESTRUTURANDO A APRENDIZAGEM

Esta edição oferece um **CADERNO DE NOTAS** prático no final do livro. Nas férias, em viagem ou em casa, pode facilmente organizar os seus novos conhecimentos sem a necessidade de um segundo caderno!

5) JÁ TERMINOU TODAS AS GRELHAS?

Nas últimas páginas deste livro, na secção **DESAFIO FINAL**, encontrará um jogo gratuito!

Rápido e fácil! Consulte a nossa colecção de livros de actividades para o seu próximo momento de diversão e **aprendizagem**, a apenas um clique de distância!

Encontre o seu próximo desafio em:

BestActivityBooks.com/MeuProximoLivro

Aos vossos lugares, preparem-se...Vão!

Sabia que existem cerca de 7.000 línguas diferentes no mundo? As palavras são preciosas.

Adoramos línguas e temos trabalhado arduamente para criar livros da mais alta qualidade para si. Os nossos ingredientes?

Uma selecção de tópicos adequados à aprendizagem, três boas porções de entretenimento, e depois acrescentamos uma colherada de palavras difíceis e uma pitada de palavras raras. Servimo-los com amor e máximo divertimento, para que possa resolver os melhores jogos de palavras e se divirta a aprender!

A sua opinião é essencial. Pode participar activamente no sucesso deste livro, deixando-nos um comentário. Gostaríamos de saber o que mais lhe agradou nesta edição.

Aqui está um link rápido para a sua página de encomendas:

BestBooksActivity.com/Avaliacoes50

Obrigado pela vossa ajuda e divirtam-se!

A Equipa Inteira

1 - Dirigindo

```
T A C I L U C C O U U E T A
U O V N I N I C S Ł B Z T Y
N O M P C O Ę U T J E T Ł R
E E S I E H Ż I R X Z R H W
L U X E N B A G O A P A M Y
G L D S C T R Y Ż J I N S P
Ł A K Z J X Ó P N C E S A A
U E Z Y A W W A O I C P M D
G I X X C Ł K L Ś L Z O O E
D R O G A O A I Ć O E R C K
G A R A Ż R T W A P N T H Q
H A M U L C E O Z T I Q Ó H
M S I L N I K D M G E K D Ł
Ł R R R U C H D R O G O W Y
```

WYPADEK
CIĘŻARÓWKA
SAMOCHÓD
PALIWO
OSTROŻNOŚĆ
DROGA
HAMULCE
GARAŻ
GAZ
LICENCJA

MAPA
MOTOCYKL
SILNIK
PIESZY
POLICJA
ULICA
UBEZPIECZENIE
TRANSPORT
RUCH DROGOWY
TUNEL

2 - Antiguidades

```
E  N  I  P  W  W  A  R  T  O  Ś  Ć  A  D
G  N  I  N  Z  C  E  N  A  X  X  U  U  F
A  I  T  E  W  Q  Z  S  A  H  P  J  K  Ł
L  K  M  U  Z  E  D  S  Ł  X  O  Q  C  D
E  C  V  B  Z  W  S  Z  N  A  P  L  J  T
R  N  Y  O  A  J  Y  T  O  K  Y  A  A  I
I  A  N  D  D  I  A  K  Y  T  E  N  O  M
A  G  O  R  C  L  P  S  Ł  C  Ł  D  M  S
D  E  K  A  D  Y  O  R  T  Y  J  E  E  Z
W  L  G  B  Y  T  Z  M  Ł  A  B  A  B  T
V  E  I  Ź  L  S  Y  S  T  A  R  Y  L  U
Q  C  B  E  E  I  C  E  L  U  T  S  E  K
C  F  V  Z  P  R  J  J  A  K  O  Ś  Ć  A
K  S  F  R  Y  J  A  G  Q  X  O  H  B  P
```

SZTUKA	POZYCJA
DEKADY	AUKCJA
ELEGANCKI	MEBLE
ENTUZJASTA	MONETY
RZEŹBA	CENA
STYL	JAKOŚĆ
GALERIA	STULECIE
NIEZWYKŁY	WARTOŚĆ
INWESTYCJA	STARY

3 - Churrascos

```
I  W  D  S  M  M  G  P  I  E  P  R  Z  C
M  M  A  W  Y  Z  R  A  W  G  N  A  L  E
V  E  I  J  R  U  I  G  J  F  Ł  V  W  B
K  S  B  P  G  S  L  N  O  Ł  S  Ó  P  U
U  V  O  T  A  L  L  Ł  Y  R  Q  M  D  L
R  D  Z  I  E  C  I  H  X  P  Ą  B  M  E
C  P  L  S  I  M  E  N  S  Ó  L  C  R  Y
Z  O  Z  T  P  U  X  A  O  P  M  O  Y  A
A  M  I  A  A  Z  K  I  B  Ż  F  W  C  V
K  I  V  P  N  Y  B  E  B  M  E  O  D  Q
A  D  E  W  O  K  S  A  Ł  A  T  K  I  S
Q  O  K  Z  B  A  N  I  Z  D  O  R  R  O
T  R  Z  A  P  R  O  S  Z  E  N  I  E  S
B  Y  W  K  R  U  R  H  N  W  T  E  V  R
```

CEBULE	GRY
ZAPROSZENIE	WARZYWA
DZIECI	SOS
NOŻE	MUZYKA
RODZINA	PIEPRZ
GŁÓD	GORĄCY
KURCZAK	SÓL
OWOC	SAŁATKI
GRILL	POMIDORY
OBIAD	LATO

4 - Geologia

```
P  E  K  W  A  P  Ń  R  K  H  O  S  S  S
V  L  A  R  O  K  L  T  R  M  Y  T  K  T
V  K  T  C  Y  W  U  Ł  K  A  N  A  A  A
Ż  Y  W  O  K  S  A  Ł  P  V  N  L  M  L
M  C  H  X  M  K  Z  H  I  K  A  A  I  A
S  T  R  E  F  A  H  T  R  D  V  G  E  K
I  L  H  X  V  V  Y  N  A  Y  N  M  N  T
Q  U  C  M  J  K  C  E  J  Ł  Q  I  I  Y
W  A  R  S  T  W  A  N  Z  A  Y  T  A  T
S  B  G  F  A  K  W  Y  O  R  M  Y  Ł  Z
P  Ó  N  R  Ł  Y  A  T  R  E  W  P  O  V
Y  G  L  G  O  L  L  N  E  N  W  G  Ś  L
K  W  A  R  C  T  Q  O  Z  I  W  C  Ć  O
D  C  Ń  E  I  M  A  K  Z  M  K  W  A  S
```

KWAS	STALAGMITY
WARSTWA	SKAMIENIAŁOŚĆ
GROTA	LAWA
WAPŃ	MINERAŁY
CYKLE	KAMIEŃ
KONTYNENT	PŁASKOWYŻ
KORAL	KWARC
KRYSZTAŁY	SÓL
EROZJA	WULKAN
STALAKTYT	STREFA

5 - Ética

```
A  Ć  Ć  Ś  O  N  L  A  N  O  J  C  A  R
T  Ś  H  B  M  Z  I  L  A  E  R  S  S  R
M  O  Ł  V  C  T  T  T  P  S  O  D  K  D
Ą  K  L  A  A  C  A  R  P  Ł  Ó  P  S  W
D  Z  K  E  M  D  F  U  P  J  R  G  W  Ż
R  D  U  C  R  P  A  I  T  J  O  O  A  Y
O  U  H  H  Ł  A  J  Z  U  S  Z  D  R  C
Ś  L  H  S  H  W  N  M  M  R  S  N  T  Z
Ć  Ś  O  W  I  C  Z  C  U  K  Ą  O  O  L
O  P  T  Y  M  I  Z  M  J  Z  D  Ś  Ś  I
Ż  Y  C  Z  L  I  W  Y  W  A  N  Ć  C  W
F  I  L  O  Z  O  F  I  A  A  Y  A  I  O
I  N  D  Y  W  I  D  U  A  L  I  Z  M  Ś
C  I  E  R  P  L  I  W  O  Ś  Ć  B  O  Ć
```

ALTRUIZM	OPTYMIZM
ŻYCZLIWY	CIERPLIWOŚĆ
ŻYCZLIWOŚĆ	RACJONALNOŚĆ
WSPÓŁPRACA	ROZSĄDNY
GODNOŚĆ	REALIZM
FILOZOFIA	MĄDROŚĆ
LUDZKOŚĆ	TOLERANCJA
INDYWIDUALIZM	WARTOŚCI
UCZCIWOŚĆ	

6 - Tempo

```
T  Ł  J  D  F  S  M  K  U  U  M  W  M  N
K  Y  S  T  U  L  E  C  I  E  A  C  I  I
A  A  D  A  K  E  D  M  V  V  A  Z  N  G
L  Z  Ć  Z  E  Y  D  O  N  A  R  O  U  C
E  G  Ś  S  I  D  R  M  G  H  Ł  R  T  Ą
N  K  O  R  N  E  Ń  E  I  Z  D  A  A  I
D  M  Ł  J  D  Z  Ń  N  N  I  O  J  M  S
A  R  Z  O  U  R  G  T  R  O  C  Z  N  E
R  S  S  L  Ł  P  E  O  E  L  G  O  P  I
Z  M  Y  A  O  Q  P  C  D  J  M  R  N  M
Z  C  Z  D  P  T  I  W  T  Z  K  S  Z  M
T  E  R  A  Z  V  J  A  I  S  I  Z  D  G
R  Y  P  Z  E  G  A  R  A  J  S  N  F  P
U  U  A  F  N  T  Z  G  W  Z  O  K  A  V
```

TERAZ	RANO
ROK	POŁUDNIE
PRZED	MIESIĄC
ROCZNE	MINUTA
KALENDARZ	MOMENT
DEKADA	NOC
DZIEŃ	WCZORAJ
PRZYSZŁOŚĆ	ZEGAR
DZISIAJ	TYDZIEŃ
GODZINA	STULECIE

7 - Astronomia

```
R G R A W I T A C J A Q B V
A M A S T E R O I D A R G K
K E K G A K Y T K A L A G R
I T S K S B I G J L G W V Ó
E E I H O A S T R O N O M W
T O Ę Ł M N Y T Q B R N Y N
A R Ż G S D S A I E A R H O
Z G Y T O Z J T B I C E Q N
J X C S K G I E E N I P Z O
S Ł O N E C Z N Y L W U E C
U K O D E E Q A E W A S W E
Z I E M I A J L Y P Ł C S L
G B Q B M J F P W L G B J X
Z A Ć M I E N I E E M C M A
```

ASTEROIDA

ASTRONOM

NIEBO

KONSTELACJA

KOSMOS

ZAĆMIENIE

RÓWNONOC

RAKIETA

GALAKTYKA

GRAWITACJA

KSIĘŻYC

METEOR

MGŁAWICA

PLANETA

SŁONECZNY

SUPERNOWA

ZIEMIA

8 - Circo

```
K  I  G  A  M  S  Z  T  U  C  Z  K  A  T
B  L  T  W  K  A  P  A  R  A  D  A  L  P
A  Q  A  S  Y  R  G  Y  T  T  S  Z  E  H
L  Q  K  U  Y  T  O  I  M  A  N  U  W  B
O  O  Y  W  N  T  N  B  A  B  I  L  E  T
N  W  Z  B  J  E  L  K  A  U  Y  U  C  U
Y  M  U  Ł  J  K  M  Y  U  T  J  N  U  A
Y  I  M  P  X  S  E  F  S  Ą  A  S  K  V
L  W  Z  W  F  M  K  C  M  Z  B  Ł  I  Y
M  M  U  I  T  S  O  K  A  R  O  O  E  J
B  Ł  F  D  Ł  J  Q  S  Ł  E  K  Ń  R  I
V  M  P  Z  C  S  R  O  P  I  X  H  E  J
Ż  O  N  G  L  E  R  G  A  W  L  B  K  R
A  E  K  C  D  J  X  I  C  Z  V  O  X  X
```

AKROBATA	MAGIA
ZWIERZĄT	ŻONGLER
BALONY	MAGIK
BILET	MUZYKA
PARADA	KLAUN
CUKIEREK	NAMIOT
SŁOŃ	TYGRYS
WIDZ	KOSTIUM
LEW	SZTUCZKA
MAŁPA	

9 - Acampamento

```
J  D  T  I  W  K  X  N  T  H  V  Ł  R  K
Ń  E  I  G  O  A  S  A  P  M  O  K  Z  A
Z  I  Z  G  V  W  F  I  T  M  A  Q  W  J
N  N  M  I  I  E  U  G  Ę  C  Z  U  I  A
H  A  X  P  O  Z  M  N  Z  Ż  G  Ł  E  K
P  W  N  R  S  R  R  A  R  I  Y  Q  R  Z
Y  O  V  Z  M  D  O  T  P  J  G  C  Z  H
O  L  Q  Y  O  K  K  U  S  N  M  Ł  Ą  E
L  O  N  G  W  Q  A  R  H  N  Ł  T  T  G
L  P  T  O  A  Ł  B  A  H  A  M  A  K  Ó
G  A  W  D  D  P  I  C  V  M  A  P  A  R
I  F  S  A  J  G  N  U  C  I  N  L  O  A
D  N  K  W  L  A  A  G  T  O  I  M  A  N
K  A  P  E  L  U  S  Z  S  S  L  L  I  V
```

ZWIERZĄT	LAS
PRZYGODA	OGIEŃ
DRZEWA	OWAD
KOMPAS	JEZIORO
KABINA	KSIĘŻYC
POLOWANIE	HAMAK
KAJAK	MAPA
KAPELUSZ	GÓRA
LINA	NATURA
SPRZĘT	NAMIOT

10 - Ficção Científica

```
Z  M  N  H  A  K  Y  T  K  A  L  A  G  R
Y  N  Z  C  Y  T  S  A  T  N  A  F  Ł  E
I  Ś  D  U  R  M  W  J  O  B  Z  J  Q  A
L  W  A  T  J  U  L  E  O  G  I  E  Ń  L
U  I  I  O  A  H  J  M  N  G  U  L  K  I
Z  A  G  P  L  Z  A  N  I  W  Z  H  S  S
J  T  O  I  A  A  Ł  I  K  N  X  Q  I  T
A  S  L  A  W  Z  L  C  P  C  R  W  Ą  Y
A  T  O  M  O  W  Y  Z  W  O  W  D  Ż  C
A  I  N  Z  C  O  R  Y  W  Y  T  S  K  Z
U  O  H  R  O  B  O  T  Y  K  B  S  I  N
U  E  C  S  K  R  A  J  N  Y  P  U  Y  Y
V  A  E  W  H  Z  K  Ł  D  B  C  X  C  D
U  A  T  E  N  A  L  P  O  C  A  C  A  H
```

ATOMOWY
KINO
DYSTOPIA
WYBUCH
SKRAJNY
FANTASTYCZNY
OGIEŃ
GALAKTYKA
ILUZJA

KSIĄŻKI
TAJEMNICZY
ŚWIAT
WYROCZNIA
PLANETA
REALISTYCZNY
ROBOTY
TECHNOLOGIA
UTOPIA

11 - Mitologia

```
W D J Q O Z A S F F P N Z K
L O R E X F D R I F M C E R
A K J Y E R D A C Ł F E M E
B U G O C E B I M H A R S A
I L R X W I Ł Z A B E E T C
R T Z P D N O N G O I T A J
Y U M L Ł E I R I H L A Y A
N R O L N Z Q K C A L H P P
T A T C U R T X Z T E O O T
Z A Z D R O Ś Ć N E G B T L
C V X N O W L D Y R E L W Y
J Q D S I T H K U K N J Ó O
Ł I K Y P S T X T A D N R X
W I E R Z E N I A C A A W C
```

ARCHETYP	BOHATER
ZAZDROŚĆ	LABIRYNT
WIERZENIA	LEGENDA
KREACJA	MAGICZNY
STWORZENIE	POTWÓR
KULTURA	PIORUN
SIŁA	GRZMOT
WOJOWNIK	ZEMSTA
BOHATERKA	

12 - Medições

```
M O B J Ę T O Ś Ć V I K S D
I C W M J A A R T I L C Z Z
N H R T E M Y T N E C W E I
U G L Ć W T X E M B A Y R E
T R R Ś Ł W R M A S A S O S
A A T O N A V O R R W O K I
T M G G T J Ł L G L S K O Ę
Y E A U P M M I O F Q O Ś T
K X L Ł W C U K L G Y Ś Ć N
U Ł O D R A K Ł I N G Ć W Y
J S Q M W C G Y K B A J T T
C W R G Ł Y A A H O R J L N
S T O P I E Ń L U N C J A L
G Ł Ę B O K O Ś Ć G C U L X
```

WYSOKOŚĆ
BAJT
CENTYMETR
DŁUGOŚĆ
DZIESIĘTNY
GRAM
STOPIEŃ
SZEROKOŚĆ
LITR
MASA

METR
MINUTA
UNCJA
WAGA
CAL
GŁĘBOKOŚĆ
KILOGRAM
KILOMETR
TONA
OBJĘTOŚĆ

13 - Álgebra

```
T  N  Ć  A  Ł  U  M  R  O  F  F  W  L  L
M  I  Ś  X  V  A  Ć  K  D  L  A  Y  I  X
Z  E  O  J  Y  J  I  U  E  J  Ł  K  N  A
M  S  L  R  I  C  C  M  J  U  S  Ł  I  R
I  K  I  B  C  K  Ś  A  M  C  Z  A  O  O
E  O  D  S  O  A  O  T  O  Z  Y  D  W  Z
N  Ń  N  I  F  R  R  R  W  Y  W  N  Y  W
N  C  N  A  A  F  P  Y  A  N  E  I  M  I
A  Z  Ł  R  W  G  U  C  N  N  N  K  B  Ą
Y  O  R  E  Z  I  R  A  I  I  U  Q  P  Z
D  N  U  A  Ł  W  A  A  E  K  M  D  N  A
K  Y  S  U  M  A  N  S  M  O  E  W  X  N
U  A  R  Ó  W  N  A  N  I  E  R  V  T  I
N  D  O  Y  R  L  Y  Q  V  Ł  C  Z  X  E
```

DIAGRAM	NUMER
RÓWNANIE	NAWIAS
WYKŁADNIK	PROBLEM
FAŁSZYWE	ILOŚĆ
CZYNNIK	UPROŚCIĆ
FORMUŁA	ROZWIĄZANIE
FRAKCJA	SUMA
NIESKOŃCZONY	ODEJMOWANIE
LINIOWY	ZMIENNA
MATRYCA	ZERO

14 - Plantas

```
N Z M N O G R Ó D H H C P V
Q X Y B A Ź R Ó D Ł O Y Ł N
Q G I F K W X T Z O D E A O
A I E J A Q Ó O G G D N T M
D I I N K Z U Z B A X C E Q
O R I H T A I W K N C F K R
G T Z C U E C O B A M B U S
A R O E S H Ś Y Ł H C F N B
J A B M W I I B P O T Z W L
K W G A R O L F A S O L A U
R A B O T A N I K A L Y G S
Z R O Ś L I N N O Ś Ć J F Z
A M J I L G A H I N Z S R C
K E R L A S D Y H N B R J Z
```

KRZAK	FLORA
DRZEWO	LAS
JAGODA	LIŚCI
BAMBUS	TRAWA
BOTANIKA	BLUSZCZ
KAKTUS	OGRÓD
ZIOŁO	MECH
FASOLA	PŁATEK
NAWÓZ	ŹRÓDŁO
KWIAT	ROŚLINNOŚĆ

15 - Veículos

```
Ł  Ó  D  Ź  V  A  N  O  S  M  Ś  C  C  Ł
S  A  M  O  L  O  T  P  A  A  M  I  I  Ó
L  K  O  T  P  A  D  O  M  M  I  Ę  Ą  D
V  M  R  J  A  L  K  N  O  B  G  Ż  G  Ź
L  Ł  P  W  F  X  B  Y  C  U  Ł  A  N  P
S  I  L  N  I  K  I  X  H  L  O  R  I  O
W  W  L  Q  J  M  S  M  Ó  A  W  Ó  K  D
D  W  Ł  J  X  K  K  P  D  N  I  W  R  W
Y  G  Q  R  E  T  U  K  S  S  E  K  D  O
N  J  P  S  P  D  R  R  L  L  C  A  I  D
R  A  K  I  E  T  A  A  O  R  T  E  M  N
O  Y  K  M  T  E  J  M  T  W  R  H  U  A
Z  I  E  H  C  X  J  V  U  W  E  W  X  M
S  U  B  O  T  U  A  N  A  W  A  R  A  K
```

AMBULANS	ŚMIGŁOWIEC
SAMOLOT	TRATWA
PROM	SKUTER
ŁÓDŹ	METRO
ROWER	SILNIK
CIĘŻARÓWKA	AUTOBUS
KARAWANA	OPONY
SAMOCHÓD	ŁÓDŹ PODWODNA
RAKIETA	TAXI
VAN	CIĄGNIK

16 - Engenharia

```
O  G  Ś  R  E  D  N  I  C  A  C  Y  S  C
S  B  D  I  E  S  E  L  T  A  R  C  I  E
S  T  R  R  A  R  U  T  K  U  R  T  S  C
I  D  A  N  Y  Z  S  A  M  Ą  Q  G  V  I
L  Y  I  B  F  Q  O  L  S  I  T  E  A  E
N  S  M  B  I  O  B  L  I  C  Z  E  Ń  C
I  T  O  W  L  L  D  I  A  G  R  A  M  Z
K  R  P  V  Y  D  N  I  D  D  E  Ł  N  Z
Q  Y  A  U  W  M  D  O  M  O  N  I  A  M
D  B  S  U  U  Ł  I  X  Ś  P  E  S  P  R
Ł  U  A  J  I  E  P  A  O  Ć  R  Q  Ę  J
Q  C  N  F  A  O  P  P  R  W  G  R  D  G
F  J  P  Ł  H  X  G  T  Q  Y  I  Ł  D  E
T  A  X  H  B  U  D  O  W  A  A  H  P  J
```

TARCIE
KĄT
OBLICZEŃ
BUDOWA
DIAGRAM
ŚREDNICA
DIESEL
WYMIARY
DYSTRYBUCJA
OŚ

ENERGIA
STABILNOŚĆ
STRUKTURA
SIŁA
CIECZ
MASZYNA
POMIAR
SILNIK
NAPĘD

17 - Restaurante # 2

```
Z  D  Ł  F  Y  Y  S  A  W  Y  Z  R  A  W
U  K  Z  Y  M  V  J  J  I  U  G  K  Z  N
P  F  T  J  Ż  B  Ó  A  D  Ó  L  P  G  A
A  U  V  K  H  K  P  J  E  A  B  Y  R  K
K  E  L  N  E  R  A  J  L  V  I  D  V  T
U  Y  I  I  K  V  N  Q  E  A  N  B  Z  A
L  M  W  A  T  M  Z  J  C  O  W  O  O  Ł
P  R  Z  Y  P  R  A  W  Y  Y  P  T  Ł  A
T  Ł  A  N  M  T  R  D  G  D  Y  S  S  S
M  A  K  A  R  O  N  R  O  J  S  A  E  Ó
H  S  O  Z  W  O  W  M  V  W  Z  I  Z  L
P  R  Z  Y  S  T  A  W  K  A  N  C  R  I
K  B  M  H  R  D  H  W  M  X  Y  U  K  D
K  M  F  T  G  B  G  H  C  Q  S  E  N  T
```

PRZYSTAWKA	WIDELEC
WODA	LÓD
NAPÓJ	OBIAD
CIASTO	WARZYWA
KRZESŁO	MAKARON
ŁYŻKA	JAJA
PYSZNY	RYBA
PRZYPRAWY	SÓL
OWOC	SAŁATKA
KELNER	ZUPA

18 - Países #2

```
H Q G L M U G J A P O N I A
N A J Z E N O D N I T U M I
I G I D M E K S Y K N J C R
G R J T L I B A N V A A E Y
E E P C I S V I J K T W D S
R C L A O S Y Q A J S O R S
I J X Z T Y S S M F I A U O
A A Y C Q Z W Z A R K L G M
N S D N M J K Y J A A B A A
I R L A N D I A K N P A N L
A S G A Z W E B A C R N D I
R J U J P B C O H J O I A A
K P B F X E L H E A E A T H
U E K F C K N T N D X A G J
```

ALBANIA
DANIA
FRANCJA
GRECJA
HAITI
INDONEZJA
IRLANDIA
JAMAJKA
JAPONIA
LAOS

LIBAN
MEKSYK
NEPAL
NIGERIA
PAKISTAN
ROSJA
SYRIA
SOMALIA
UKRAINA
UGANDA

19 - Cozinha

```
P  R  Z  E  P  I  S  G  C  S  S  Ł  F  N
P  M  V  S  J  J  I  Ł  Z  G  R  I  L  L
I  K  Z  C  E  Ł  A  P  A  K  P  I  C  V
K  I  I  J  Ś  C  K  Q  J  D  B  Q  H  D
B  N  Q  F  Ć  V  B  Ł  N  G  G  J  O  Z
U  R  R  T  S  N  Ą  Ł  I  A  C  R  C  B
K  A  K  S  I  M  G  F  K  N  G  G  H  A
L  K  S  E  R  W  E  T  K  A  O  Q  L  N
O  E  E  I  T  Q  S  Ł  O  I  K  Ż  A  E
D  I  W  I  D  E  L  C  E  D  K  K  E  K
Ó  P  P  R  Z  Y  P  R  A  W  Y  Ż  Q  T
W  Z  A  M  R  A  Ż  A  R  K  A  H  Y  S
K  F  A  R  T  U  C  H  N  G  G  F  Y  Ł
A  N  V  N  N  Q  R  Y  K  C  T  I  O  V
```

FARTUCH	ZAMRAŻARKA
CZAJNIK	WIDELCE
ŁYŻKI	LODÓWKA
JEŚĆ	GRILL
CHOCHLA	SERWETKA
KUBKI	SŁOIK
PRZYPRAWY	DZBANEK
GĄBKA	PAŁECZKI
NOŻE	PRZEPIS
PIEKARNIK	MISKA

20 - Material de Arte

```
O O N P O G N B K N V S A P
A N Ł Ó T S L Y R K A X O A
E T P Ó N K S J E L K L H P
E X R Ł W Ł B G A W O D A I
K Q V A B K F Ł T S K F K E
Q A Ł F M J I I Y Z R A M R
T Z M T R E I N W T Z R U Y
G G R E T L N A N A E B G C
O K F Y R O K T O L S Y R T
A W D P Q A O O Ś U Ł A U K
U P Ę D Z L E Ć G O A Y X
K O L O R Y P K L A U Q A W
P A S T E L E A U O U G J J
J A K W A R E L E N W L N H
```

AKRYL
GUMKA
AKWARELE
GLINA
WODA
KRZESŁO
SZTALUGA
KAMERA
KLEJ
KOLORY

KREATYWNOŚĆ
PĘDZLE
OŁÓWKI
STÓŁ
OLEJ
PAPIER
PASTELE
ATRAMENT
FARBY

21 - Números

```
K Y D S E Y J E D E N T Q L
X I P A I R Z E R O V T P P
T G I W V E I C Ś A N A W D
R Q Ę D O T D O C B L P F V
Z B Ć Z C Z A E S Z E Ś Ć K
Y O Ł I B C I K M A H U R O
W J J E I C Ś A N Y Z R T K
C T R S O S I E M D O R T H
O Ł P I D Z I E W I Ę Ć G T
Y N T Ę I S E I Z D J F D W
A H J Ć S Z E S N A Ś C I E
O S I E M N A Ś C I E Y X O
C A K C Z T E R N A Ś C I E
Y L E D W A D Z I E Ś C I A
```

PIĘĆ
DZIESIĘTNY
DZIESIĘĆ
SZESNAŚCIE
OSIEMNAŚCIE
DWA
DWANAŚCIE
DZIEWIĘĆ
OSIEM

CZTERNAŚCIE
CZTERY
SZEŚĆ
SIEDEM
TRZYNAŚCIE
TRZY
JEDEN
DWADZIEŚCIA
ZERO

22 - Física

```
W  C  Ą  S  T  E  C  Z  K  A  Y  F  U
Z  J  P  C  H  Y  I  P  B  H  E  T  O  N
G  H  C  Z  M  W  F  C  U  O  X  A  R  I
L  C  M  Ę  D  O  Z  B  Ł  H  I  N  M  W
Ę  H  E  S  A  R  T  M  Q  V  V  O  U  E
D  E  C  T  J  D  Ł  A  Z  O  X  R  Ł  R
N  M  H  O  C  Ą  O  G  G  A  Z  T  A  S
O  I  A  T  A  J  S  N  A  P  S  K  E  A
Ś  C  N  L  T  K  O  E  S  E  T  E  H  L
Ć  Z  I  I  F  A  T  T  I  U  L  P  N
H  N  K  W  W  J  H  Y  V  K  Ł  E  K  Y
G  Y  A  O  A  B  C  Z  R  Y  E  N  D  C
I  R  Q  Ś  R  R  I  M  E  J  A  P  I  R
U  Z  W  Ć  G  C  Ł  M  A  S  A  C  Q  K
```

ATOM
CHAOS
ELEKTRON
EKSPANSJA
FORMUŁA
CZĘSTOTLIWOŚĆ
GAZ
GRAWITACJA
MAGNETYZM

MASA
MECHANIKA
CZĄSTECZKA
SILNIK
JĄDROWY
CHEMICZNY
WZGLĘDNOŚĆ
UNIWERSALNY

23 - Especiarias

```
U  I  R  T  X  K  C  X  K  A  M  S  Q  F
U  B  R  O  Y  M  Z  N  O  M  A  N  Y  C
K  C  N  C  A  I  O  A  P  E  G  X  F  A
K  O  Ł  V  I  N  S  G  E  Ł  F  X  S  L
E  A  L  U  L  E  N  Z  R  P  E  I  P  U
T  E  R  E  I  K  E  F  W  T  S  G  C  K
V  D  J  D  N  W  K  I  Ł  D  Ł  O  P  R
V  P  P  T  A  D  Z  W  O  K  O  Ź  U  E
A  S  Ó  L  W  M  R  J  S  D  D  D  Y  C
Y  N  Ś  A  W  K  O  A  K  R  K  Z  W  J
Q  S  Y  Ł  H  A  X  N  I  N  I  I  P  A
X  Q  Q  Ż  G  O  R  Z  K  I  E  K  J  Q
I  M  B  I  R  B  S  Z  A  F  R  A  N  R
A  A  L  U  B  E  C  U  R  R  Y  C  H  J
```

SZAFRAN	CEBULA
LUKRECJA	KOLENDRA
CZOSNEK	KMINEK
GORZKI	GOŹDZIK
ANYŻ	SŁODKIE
KWAŚNY	KOPER WŁOSKI
WANILIA	IMBIR
CYNAMON	PIEPRZ
KARDAMON	SMAK
CURRY	SÓL

24 - Países #1

```
S  R  O  D  A  W  K  E  W  Ł  O  C  H  Y
P  J  B  S  H  M  G  G  A  Y  O  P  Y  F
N  Ł  R  I  G  N  I  I  I  M  K  T  D  E
T  J  A  R  A  F  P  N  Z  O  J  U  J
K  A  Z  A  Ł  V  S  T  A  Y  R  I  Q  K
P  K  Y  K  P  X  O  R  P  K  A  A  L  Ł
W  Y  L  C  A  O  Ł  A  Z  A  M  I  E  Y
M  F  I  C  N  B  K  U  S  U  Q  D  W  L
I  A  A  D  A  N  A  K  I  T  E  N  K  A
R  N  L  F  M  Y  G  E  H  E  H  A  X  G
O  I  D  I  A  P  O  L  S  K  A  L  Z  E
Z  S  A  I  G  E  W  R  O  N  Q  N  X  N
Ł  Ł  O  S  E  N  I  E  M  C  Y  I  Ł  E
K  A  M  B  O  D  Ż  A  V  Z  K  F  U  S
```

NIEMCY   IZRAEL
BRAZYLIA   WŁOCHY
KAMBODŻA   INDIE
KANADA   MALI
EGIPT   MAROKO
EKWADOR   NORWEGIA
HISZPANIA   PANAMA
FINLANDIA   POLSKA
IRAK   SENEGAL

25 - A Mídia

```
P E N L A U D I W Y D N I D
R Y Y X O W Y D A N I E H V
Z H W Z I K E D U K A C J A
E A A W D J A C Y F R O W Y
M Y T K A F I L E W M L V N
Y H S E R A N R N M E I S Z
S Y O P Ć E I S I Y E D S C
Ł T P K Q D P U L H E R D I
I E I N A W O S N A N I F L
H Z O G U V S G O H H O N B
Y A J C A K I N U M O K T U
Q G Z D J Ę C I A W Z C B P
K O M E R C Y J N E I J P O
I N T E L E K T U A L N Y S
```

POSTAWY
KOMERCYJNE
KOMUNIKACJA
CYFROWY
WYDANIE
EDUKACJA
FAKTY
FINANSOWANIE
ZDJĘCIA
INDYWIDUALNE

PRZEMYSŁ
INTELEKTUALNY
GAZETY
LOKALNY
ONLINE
OPINIA
PUBLICZNY
RADIO
SIEĆ

26 - Casa

```
Q  Z  O  G  R  O  D  Z  E  N  I  E  W  C
G  A  B  I  B  L  I  O  T  E  K  A  Ł  L
A  S  S  X  F  P  D  C  I  M  E  D  O  P
R  Ł  N  P  W  X  W  T  F  I  H  X  G  Ł
A  O  W  D  Y  W  A  N  U  O  R  I  R  Ś
Ż  N  N  Q  J  N  J  A  S  T  S  N  Ó  C
T  Y  D  K  Y  E  Q  R  Z  Ł  O  K  D  I
I  B  B  F  O  A  A  K  Q  A  P  V  D  A
K  U  C  H  N  I  A  L  U  S  T  R  O  N
D  L  N  C  J  K  O  M  I  N  E  K  G  A
R  O  E  Y  V  Ó  P  R  Y  S  Z  N  I  C
Z  G  J  R  T  I  K  L  U  C  Z  E  Y  I
W  T  R  T  G  N  U  O  D  B  Q  C  T  W
I  E  R  S  Z  L  E  C  P  M  E  B  L  E
```

BIBLIOTEKA   KOMINEK
OGRODZENIE   MEBLE
KLUCZE   ŚCIANA
PRYSZNIC   DRZWI
ZASŁONY   POKÓJ
KUCHNIA   STRYCH
LUSTRO   DYWAN
GARAŻ   SUFIT
OKNO   KRAN
OGRÓD   MIOTŁA

27 - Vegetais

```
Z A S Q P A G M O Q B S V Q
O G Ó R E K V R D D X A E S
E Q P G Z Z E Q O N N Ł B Z
W A Y N Ł S S Z W C I A R A
D K C E B U L A R K H T O L
S W V B Y R Z K Z A Z K K O
S E Q W Z T I W E W N A U T
Z I L K R E E E P N L F Ł K
P K B E G I M H A R O R Y A
I D V N R P N C D J I I F V
N O N S Y N I R K Y W B U B
A Z D O B Ł A A X O N M J V
K R Y Z V T K M L F R I H P
K A R C Z O C H I W Z P A X
```

DYNIA	GRZYB
SELER	GROCH
KARCZOCH	SZPINAK
CZOSNEK	IMBIR
ZIEMNIAK	RZEPA
BROKUŁY	OGÓREK
CEBULA	RZODKIEWKA
MARCHEWKA	SAŁATKA
SZALOTKA	PIETRUSZKA

28 - Balé

```
S  Ć  W  I  C  Z  Y  Ć  I  B  O  W  L  A
O  Q  K  J  Y  H  U  G  N  A  R  D  W  R
L  B  X  M  S  M  M  B  T  L  K  Z  Y  T
O  O  G  E  S  T  I  I  E  E  I  I  R  Y
M  U  Z  Y  K  A  E  E  N  R  Ę  A  S  T
S  U  X  Ł  J  L  J  T  S  I  S  C  Z  T
O  T  W  S  R  L  Ę  A  Y  N  T  Z  I  Y
R  K  Y  M  Ł  D  T  N  W  A  R  N  S  C
I  V  L  L  M  V  N  C  N  C  A  Y  T  Z
F  M  G  A  L  N  O  E  O  P  C  U  Y  N
R  T  C  Q  S  R  Ś  R  Ś  X  J  T  T  Y
K  Y  O  D  N  K  Ć  Z  Ć  M  N  R  E  H
P  R  Ó  B  A  W  I  E  Ł  P  O  Y  F  M
K  O  M  P  O  Z  Y  T  O  R  L  M  N  G
```

OKLASKI
ARTYSTYCZNY
BALERINA
KOMPOZYTOR
TANCERZE
PRÓBA
STYL
WYRAZISTY
GEST

WDZIĘCZNY
UMIEJĘTNOŚĆ
INTENSYWNOŚĆ
MUZYKA
ORKIESTRA
ĆWICZYĆ
RYTM
SOLO

29 - Adjetivos #1

```
A  T  R  A  K  C  Y  J  N  Y  P  O  E  U
Y  I  K  N  E  I  C  J  J  Y  O  G  G  M
Y  Ł  A  N  O  K  S  O  D  G  W  R  Z  I
C  E  N  N  Y  W  N  D  B  D  A  O  O  D
Y  A  O  D  E  G  O  S  Z  K  Ż  M  T  E
W  Z  D  U  B  G  U  C  D  Q  N  N  Y  N
I  W  C  I  E  M  N  Y  Z  U  Y  Y  C  T
C  A  P  I  K  Ż  Ę  I  C  E  Ż  T  Z  Y
Z  Ż  V  L  N  A  V  G  J  W  S  Y  N  C
C  N  X  O  X  M  Ł  N  Z  X  D  N  Y  Z
U  Y  B  W  R  I  E  Ł  Ł  T  Y  J  N  N
I  H  X  O  L  Z  W  J  F  Y  D  O  L  Y
I  V  O  P  H  G  I  Z  A  N  Ł  H  G  E
A  B  S  O  L  U  T  N  Y  T  I  L  N  C
```

ABSOLUTNY
ATRAKCYJNY
OGROMNY
CIEMNY
EGZOTYCZNY
CIENKI
HOJNY
DUŻY
UCZCIWY

IDENTYCZNY
WAŻNY
POWOLI
TAJEMNICZY
NOWOCZESNY
DOSKONAŁY
CIĘŻKI
POWAŻNY
CENNY

30 - Psicologia

```
E  P  P  R  O  B  L  E  M  E  S  V  F  T
Ć  Ś  O  W  O  B  O  S  O  G  P  M  C  E
M  J  Ł  S  W  D  X  M  L  O  O  Y  X  I
A  K  J  E  T  T  Y  Q  C  I  T  O  U  N
R  O  T  M  V  R  N  W  P  Ł  K  C  E  A
Z  N  E  O  M  V  Z  F  B  Q  A  R  I  W
E  F  R  C  S  E  C  E  Z  A  N  E  C  O
N  L  A  J  M  D  I  W  G  Z  I  D  U  H
I  I  P  E  U  L  N  J  P  A  E  D  Z  C
A  K  I  X  G  H  I  S  S  Ł  N  F  C  A
P  T  A  B  Y  I  L  Ś  Y  M  Y  I  U  Z
K  C  T  V  L  Ł  K  L  D  C  Ł  W  E  H
O  D  Z  I  E  C  I  Ń  S  T  W  O  Y  D
J  T  N  I  E  P  R  Z  Y  T  O  M  N  Y
```

OCENA	WPŁYWY
KLINICZNY	MYŚLI
ZACHOWANIE	POSTRZEGANIE
SPOTKANIE	OSOBOWOŚĆ
KONFLIKT	PROBLEM
EGO	UCZUCIE
EMOCJE	MARZENIA
NIEPRZYTOMNY	TERAPIA
DZIECIŃSTWO	

31 - Paisagens

```
B  O  Z  I  Z  V  G  P  J  O  Q  I  B  P
L  V  N  A  K  L  U  W  Z  I  A  H  A  Ó
R  D  I  Ł  T  J  T  Ł  Y  Q  K  Ł  G  Ł
P  L  A  Ż  A  O  R  O  I  Z  E  J  N  W
W  P  I  P  P  A  K  M  O  R  Z  E  O  Y
Z  U  N  L  S  Y  D  A  G  V  R  Z  S  S
G  S  I  R  Y  O  T  Z  Z  Ó  Y  Z  R  E
Ó  T  K  F  W  D  D  A  B  K  R  W  T  P
R  Y  S  Ł  Y  B  J  O  L  V  A  A  U  O
Z  N  A  E  C  O  E  D  W  T  U  R  N  S
E  I  J  D  O  L  I  N  A  L  J  J  D  N
B  A  J  L  O  D  O  W  I  E  C  O  R  J
G  Ó  R  A  L  O  D  O  W  A  R  W  A  M
V  M  B  V  O  Ł  A  O  C  R  L  G  N  V
```

WODOSPAD	GÓRA
JASKINIA	OAZA
WZGÓRZE	OCEAN
PUSTYNIA	BAGNO
LODOWIEC	PÓŁWYSEP
ZATOKA	PLAŻA
GÓRA LODOWA	RZEKA
WYSPA	TUNDRA
JEZIORO	DOLINA
MORZE	WULKAN

32 - Dança

```
G W A I F A R G O E R O H C
N Z Y N L A U Z I W Y J H J
Ł N L R Y N L A R U T L U K
J A Y C A J C O M E M D T M
C K S Y N Z C Y S A L K T U
M I H K D E I F B Q S A X Z
C B A G A Y X S C I Z K R Y
I M W Ł L F M Z T N T A U K
T V A K O K S Z W Y U D C A
K L T O A R U T L U K E H A
Y N S O D A R L Ł Q A M V S
J S O S Y Ł S O S Ł K I Ł O
B U P S Y N J Y C Y D A R T
R E N T R A P R Ó B A A H H
```

AKADEMIA
RADOSNY
SZTUKA
KLASYCZNY
CHOREOGRAFIA
CIAŁO
KULTURA
KULTURALNY
EMOCJA
PRÓBA

WYRAZISTY
ŁASKA
RUCH
MUZYKA
PARTNER
POSTAWA
RYTM
SKOK
TRADYCYJNY
WIZUALNY

33 - Nutrição

```
S Z K Y W F Z X T A H C J F
K J U H W E R T E E Y B K E
Ł A G A W R Ó Ł U Y E W H T
A D T S B M W O G L W V L C
D A O M I E N A A R T S K A
N L K A A N O E A P E T Y T
I N S K Ł T W S I A I I U E
K Y Y U K A A G O W R K Y I
I O N N A C Ż Ć K S O Z R D
P W A G G J O Ś Y P L R Q S
V Ł O K F A N O C R A O D D
Y L Y U T A Y K C L K G H Z
Z E I N E I W A R T Ł V N M
V L W E Y S O J Z D R O W Y
```

GORZKI	PŁYNY
APETYT	SOS
KALORIE	WAGA
JADALNY	BIAŁKA
DIETA	JAKOŚĆ
TRAWIENIE	SMAK
ZRÓWNOWAŻONY	ZDROWY
FERMENTACJA	ZDROWIE
SKŁADNIKI	TOKSYNA

34 - Energia

```
W I A T R W I A N Y Z N E B
E L E K T R O N P B I S L I
P R Z E M Y S Ł G Q K O E A
W O D Ó R O Ł P E I C K K N
Ł M B F U K I N L I S P T S
P T E V N S U E J H Q U R Ł
L A T W A I P O R T N E Y O
E N L A I W A N D O U O C Ń
I I E I H O P F Ł N S U Z C
G B S R W D V A O S G P N E
Ę R E E W O W J R T T M Y Q
W U I T B R F R B O O W J K
I T D A Ł Ś X U B O W N S Ł
Y W M B J Ą D R O W Y Y Z G
```

ŚRODOWISKO
BATERIA
CIEPŁO
WĘGIEL
PALIWO
DIESEL
ELEKTRYCZNY
ELEKTRON
ENTROPIA
FOTON

BENZYNA
WODÓR
PRZEMYSŁ
SILNIK
JĄDROWY
ODNAWIALNE
SŁOŃCE
TURBINA
PAROWY
WIATR

35 - Disciplinas Científicas

```
B A F K L R C O M M K E N T
M I Y Q A L H R I G I K E E
E G O F I L E A N Z N O U R
T O I L M A M I E S E L R M
E L M B O I I M R O Z O O O
O O M O N G A O A C J G L D
R E U T O O I T L J O I O Y
O G N A R L M A O O L A G N
L L O N T O E N G L O T I A
O U L I S H H A I O G G A M
G P O K A C C T A G I Z Z I
I F G A Y Y O I Ł I A L D K
A N I M C S I W L A M Ł F A
F W A Ł P P B L G E R Ł Z U
```

ANATOMIA
ASTRONOMIA
BIOLOGIA
BIOCHEMIA
BOTANIKA
KINEZJOLOGIA
EKOLOGIA
GEOLOGIA

IMMUNOLOGIA
METEOROLOGIA
MINERALOGIA
NEUROLOGIA
PSYCHOLOGIA
CHEMIA
SOCJOLOGIA
TERMODYNAMIKA

36 - Meditação

```
Ł  Ć  Ś  O  T  S  Y  Z  R  J  E  Z  R  P
C  I  S  Z  A  O  Z  Ł  S  Y  M  U  I  A
O  B  S  E  R  W  A  C  J  A  O  X  R  W
Ż  Y  C  Z  L  I  W  O  Ś  Ć  C  C  D  Y
P  S  Y  C  H  I  C  Z  N  Y  J  E  U  T
P  M  U  M  G  J  O  G  H  H  E  C  D  K
O  U  O  W  S  P  Ó  Ł  C  Z  U  C  I  E
S  Z  Q  B  O  S  P  S  P  X  Y  E  K  P
T  Y  A  R  U  T  A  N  U  O  W  O  U  S
A  K  G  W  X  D  D  R  E  S  K  W  A  R
W  A  A  Q  A  Q  Z  Z  V  D  D  Ó  N  E
A  Ł  W  Y  L  L  P  I  L  Ś  Y  M  J  P
G  P  U  P  Z  Ł  Q  B  Ć  T  R  V  F  Ł
R  U  C  H  P  R  Z  Y  J  Ę  C  I  E  N
```

PRZYJĘCIE	RUCH
OBUDZIĆ	MUZYKA
UWAGA	NATURA
ŻYCZLIWOŚĆ	OBSERWACJA
PRZEJRZYSTOŚĆ	POKÓJ
WSPÓŁCZUCIE	MYŚLI
EMOCJE	PERSPEKTYWA
NAUKI	POSTAWA
PSYCHICZNY	CISZA
UMYSŁ	

37 - Artes Visuais

```
N A J C Y Z O P M O K I A M
C I K V I L A K I E R Q R A
F F S R B U M C X E X A C L
A A O Ł E I Z D Y C R A H A
K R W T U D Q U D N N N I R
I G T M L N A A I A Z I T S
M O D Y O S I N B I R L E T
A T Ł T S S T V F Ź R G K W
R O U T L T O Ł Ó W E K T O
E F G V B J A Q T J Ł Z U M
C Z O G P O R T R E T L R L
H D P S Z T A L U G A Y A O
B V I U U F I L M G Ł K N J
F K S K R E A T Y W N O Ś Ć
```

GLINA

ARCHITEKTURA

ARTYSTA

DŁUGOPIS

SZTALUGA

WOSK

CERAMIKA

KOMPOZYCJA

KREATYWNOŚĆ

RZEŹBA

FILM

FOTOGRAFIA

KREDA

OŁÓWEK

ARCYDZIEŁO

MALARSTWO

PORTRET

LAKIER

38 - Moda

```
U E E L E G A N C K I D H P
N I K N O R O K Ł R X R A R
E G Ż F R R W G O J G X F A
N O A E O R Y G I N A Ł T K
D R O G I W B U T I K F P T
Ł D G R V Z Y T X P X U R Y
W E C A I P D G Z N Q Z Z C
G I E U N I N O O B Z U Y Z
P N P O M I A R Y D L M C N
S K R O M N Y E V E N Q I Y
T E N D E N C J A V K Y S G
N R S C S T K A N I N A K T
P R O S T Y L D M S Z L I T
T E K S T U R A R S T Y L J
```

NIEDROGIE	SKROMNY
HAFT	ORYGINAŁ
PRZYCISKI	PRAKTYCZNY
BUTIK	KORONKI
DROGI	ODZIEŻ
WYGODNY	PROSTY
ELEGANCKI	TKANINA
STYL	TENDENCJA
POMIARY	TEKSTURA

39 - Instrumentos Musicais

```
K  L  C  A  K  B  Ą  R  T  A  P  L  N  P
J  O  J  N  A  B  Ę  Ł  Ł  K  U  K  P  K
J  V  B  F  O  F  A  B  T  I  Z  G  I  O
F  B  G  Ó  B  H  O  E  E  A  O  S  A  T
A  H  C  C  J  Ł  X  J  N  N  N  A  N  M
G  J  A  P  D  M  Ł  M  R  I  Y  K  I  A
O  F  F  R  N  R  A  N  A  L  R  S  N  R
T  G  R  O  M  C  P  T  L  O  U  O  O  I
T  Z  A  W  M  O  O  Z  K  D  B  F  C  M
D  M  H  M  V  G  N  O  G  N  M  O  I  B
G  I  T  A  R  A  N  I  W  A  A  N  W  A
S  K  R  Z  Y  P  C  E  J  M  T  Ł  E  G
F  L  E  T  V  A  J  S  U  K  R  E  P  R
F  J  Y  B  N  N  B  T  N  N  A  R  U  Q
```

MANDOLINA	TAMBURYN
BANJO	PERKUSJA
KLARNET	PIANINO
FAGOT	SAKSOFON
FLET	BĘBEN
HARMONIJKA	PUZON
GONG	TRĄBKA
HARFA	GITARA
MARIMBA	SKRZYPCE
OBÓJ	

40 - Adjetivos #2

```
C Q C K E V G S Ł A W N Y U
Z N T W Ó R C Z Y H C U S T
Y U A A U T E N T Y C Z N Y
S V T T N O R M A L N A Q G
T N S A U I K C N A G E L E
Y L T V L R Y V O B P Y I O
R X Ł R R E A C W U M B B P
G O R Ą C Y N L Y N M U D I
I D S N X W Ł T N D Ł R F S
U G I Ł N O N O O Y Z G N O
B H L V N R D W Ł W G I H W
Z B N E M D S Ł S H A P K Y
X V Y L O Z H G D T D N P I
I N T E R E S U J Ą C Y Y Ł
```

AUTENTYCZNY
TWÓRCZY
OPISOWY
UTALENTOWANY
ELEGANCKI
SŁAWNY
SILNY
GRUBY
INTERESUJĄCY
NATURALNY

NORMALNA
NOWY
DUMNY
CZYSTY
GORĄCY
SŁONY
ZDROWY
SUCHY
DZIKI

41 - Roupas

```
N  B  U  T  K  T  M  L  Q  Z  K  P  S  B
S  A  Z  U  L  B  G  B  S  A  A  I  P  R
A  L  S  P  Ł  A  S  Z  C  Z  P  Ż  Ó  A
D  U  K  Z  N  Ł  G  T  P  H  E  A  D  N
C  Z  U  S  Y  S  D  Y  A  Z  L  M  N  S
J  S  R  A  T  J  P  Y  S  D  U  A  I  O
M  O  T  N  E  Ł  N  O  H  I  S  Q  C  L
O  K  K  D  P  K  F  I  D  E  Z  R  A  E
D  S  A  A  R  D  K  H  K  N  V  E  V  T
A  D  P  Ł  A  M  Ż  T  B  Y  I  T  W  K
M  X  I  Y  K  E  B  I  R  O  S  E  M  A
M  H  N  B  S  B  L  B  N  O  C  W  S  M
F  A  R  T  U  C  H  U  H  S  S  S  B  G
R  Ę  K  A  W  I  C  Z  K  I  Y  L  C  T
```

FARTUCH
BLUZA
SPODNIE
KOSZULA
PŁASZCZ
KAPELUSZ
PAS
NASZYJNIK
KURTKA
DŻINSY

RĘKAWICZKI
SKARPETY
MODA
PIŻAMA
BRANSOLETKA
SPÓDNICA
SANDAŁY
BUT
SWETER

42 - Herbalismo

```
E  Z  C  T  S  A  N  D  L  M  P  A  Ł  E
S  Q  Z  Y  K  A  M  S  A  A  I  R  L  I
T  G  O  M  Ł  Z  W  K  W  J  E  O  G  K
R  N  S  I  A  I  V  H  E  E  T  M  U  O
A  C  N  A  D  E  R  K  N  R  R  A  S  R
G  Ł  E  N  N  L  O  O  D  A  U  T  Z  Z
O  J  K  E  I  O  Ś  L  A  N  S  Y  A  Y
N  Q  A  K  K  N  L  E  S  E  Z  C  F  S
C  M  Z  K  S  Y  I  N  O  K  K  Z  R  T
K  G  T  Q  O  V  N  D  P  G  A  N  A  N
J  W  I  X  M  Ś  A  R  S  N  R  Y  N  Y
Ł  X  I  V  J  T  Ć  A  R  N  S  Ó  K  P
Y  W  Ł  A  R  O  Z  M  A  R  Y  N  D  P
G  U  A  J  T  B  A  Z  Y  L  I  A  V  S
```

SZAFRAN
ROZMARYN
CZOSNEK
AROMATYCZNY
KORZYSTNY
KOLENDRA
ESTRAGON
KWIAT
SKŁADNIK
OGRÓD

LAWENDA
BAZYLIA
MAJERANEK
ROŚLINA
JAKOŚĆ
SMAK
PIETRUSZKA
TYMIANEK
ZIELONY

43 - Arqueologia

```
Z  Ć  J  F  U  Z  R  K  D  E  T  F  K  Z
A  Ś  W  C  E  I  W  O  B  O  R  G  S  A
P  O  B  P  D  F  D  Ś  S  J  M  D  F  G
O  Ł  Ó  P  S  E  Z  C  T  E  Z  C  E  A
M  A  I  N  Y  T  Ą  I  W  Ś  F  G  R  D
N  I  N  H  H  Y  T  K  E  I  B  O  L  K
I  N  H  E  E  K  S  P  E  R  T  L  R  A
A  E  U  B  C  N  I  E  Z  N  A  N  Y  P
N  I  H  L  Ł  O  F  R  E  L  I  K  T  A
Y  M  C  Y  W  I  L  I  Z  A  C  J  A  N
C  A  Z  I  L  A  N  A  E  M  Ł  G  L  T
R  K  E  M  O  T  O  P  O  R  L  K  L  Y
D  S  C  Q  O  L  Y  Z  P  Y  A  F  K  K
P  T  G  R  H  B  A  D  A  C  Z  T  R  P
```

ANALIZA	ZAPOMNIANY
LAT	SKAMIENIAŁOŚĆ
ANTYK	BADACZ
OCENA	ZAGADKA
CYWILIZACJA	OBIEKTY
POTOMEK	KOŚCI
NIEZNANY	PROFESOR
ZESPÓŁ	RELIKT
ERA	ŚWIĄTYNIA
EKSPERT	GROBOWIEC

44 - Esporte

```
R  O  Z  C  I  Ą  G  A  N  I  E  C  E  L
F  O  Y  J  B  L  L  T  A  N  I  E  C  W
M  E  T  A  B  O  L  I  C  Z  N  E  F  Y
F  I  R  T  L  K  T  C  H  S  Q  Q  U  T
K  N  O  E  O  G  Y  Ś  L  F  I  G  Y  R
O  Ś  P  L  T  D  Q  O  N  H  K  Ł  M  Z
L  Ę  S  T  A  A  Ż  K  L  N  I  Y  A  Y
A  I  B  A  V  T  J  Y  D  I  E  T  A  M
R  M  C  I  A  Ł  O  O  W  Z  J  O  R  A
S  Z  D  R  O  W  I  E  G  I  E  J  S  Ł
T  T  R  E  N  E  R  E  X  G  A  U  Ł  O
W  P  R  O  G  R  A  M  Ł  P  I  N  B  Ś
O  Z  D  O  L  N  O  Ś  Ć  Q  I  N  I  Ć
W  Y  O  L  B  R  Z  Y  M  I  A  Ć  G  E
```

ROZCIĄGANIE
ATLETA
ZDOLNOŚĆ
KOLARSTWO
CIAŁO
TANIEC
DIETA
SPORTY
SIŁA
JOGGING

WYOLBRZYMIAĆ
METABOLICZNE
MIĘŚNIE
ODŻYWIANIE
CEL
KOŚCI
PROGRAM
WYTRZYMAŁOŚĆ
ZDROWIE
TRENER

45 - Frutas

```
A  N  E  K  T  A  R  Y  N  A  A  M  P  Q
N  I  P  Ł  O  G  J  K  I  W  I  A  O  Ł
Z  M  N  X  P  I  D  A  A  K  Y  L  M  Y
B  K  Ł  I  G  F  M  X  G  Z  P  I  A  R
B  A  F  W  W  A  Q  H  J  O  L  N  R  C
M  N  N  M  O  K  Ł  B  A  J  D  A  A  Y
O  S  K  A  G  Z  S  O  K  O  K  A  Ń  T
R  A  B  Y  N  S  K  O  P  L  B  M  C  R
E  N  J  L  H  U  S  D  Z  V  D  E  Z  Y
L  A  U  F  T  R  W  A  V  R  Z  C  O  N
A  N  M  A  N  G  O  K  Y  Y  B  E  W  A
T  A  O  N  O  R  G  O  N  I  W  O  Y  O
R  S  U  Ł  W  S  D  W  J  E  Ż  Y  N  A
P  A  P  A  J  A  N  A  W  I  Ś  N  I  A
```

AWOKADO	KIWI
ANANAS	POMARAŃCZOWY
JEŻYNA	CYTRYNA
JAGODA	JABŁKO
BANAN	PAPAJA
WIŚNIA	MANGO
KOKOS	NEKTARYNA
MORELA	GRUSZKA
FIGA	BRZOSKWINIA
MALINA	WINOGRONO

46 - Corpo Humano

```
F W C L C E L A P Z Ł J M B
Z Ł D Z M Ó Z G O B O Q J D
P W X Ł O I P O D J K E Y W
S Z Y J A Ł B N B Z I A O E
O N L Ł K V O F R E E M K D
N T A W Ę G I Z Ó U Ć Q O P
H R Q A R Ó K S D H U T S D
A R G Ę T U V S E C R E S E
F O E I H S C A K Ę Z C Z S
X F U M Z C U H T G K M Z H
K O L A N O R W O Ł R E H T
U L Q R C N S C T O E S V Y
H K O S T K A X D W W Z H H
L B N H Z Y U D O A M Y F Z
```

USTA	OKO
GŁOWA	RAMIĘ
MÓZG	UCHO
SERCE	SKÓRA
ŁOKIEĆ	NOGA
PALEC	SZYJA
KOLANO	PODBRÓDEK
SZCZĘKA	KREW
RĘKA	CZOŁO
NOS	KOSTKA

47 - Restaurante #1

```
A Q J I G O P D C P N W M M
K R V V H A I E H V W D J I
A I N H C U K S L K S U J S
S J K W P N A E E P H O N K
J W C P I E N R B Ć V V S A
E M B A H M T D A Ś P P X K
R B I H W S N A L E R G I A
N G T Ę O R Y K T J H C L Z
Ó M X C S E E O T N W D G C
Ż L S L O O R Z R E L A T R
S E R W E T K A E D N V A U
S K Ł A D N I K I R F N S K
Q S X O F K A W A Z Ł A Ł P
K E L N E R K A Ł N Y D G E
```

ALERGIA
KAWA
KASJER
MIĘSO
JEŚĆ
KUCHNIA
NÓŻ
KURCZAK
KELNERKA
SERWETKA

SKŁADNIKI
MENU
SOS
CHLEB
PIKANTNY
TALERZ
REZERWACJA
DESER
MISKA

48 - Caminhada

```
G O D D K I B D K W C P K P
D Z L Q N V Z L L E H A L O
L N J T Ą Z R E I W Z R I G
Z M Ę C Z O N Y F K I K M O
G Ó R A R U T A N A I I A D
K A M I E N I E R J J Z T A
C D P X F H U W Q C H P D M
P R Z Y G O T O W A N I E A
W O D A T H G H J T T K C P
V N Z A C U N T B N L Ż Ń A
D W D J N M B Q G E P Ę O T
Y K E M P I N G S I B I Ł Y
I K I N D O W E Z R P C S N
O S D P A I N E Ż O R G A Z
```

KEMPING
ZWIERZĄT
WODA
BUTY
ZMĘCZONY
KLIMAT
PRZEWODNIKI
MAPA
GÓRA
NATURA

ORIENTACJA
PARKI
KAMIENIE
KLIF
ZAGROŻENIA
CIĘŻKI
PRZYGOTOWANIE
DZIKI
SŁOŃCE
POGODA

49 - Beleza

```
E A L E L E G A N C K I E M
J L C U J D M R D X S T E A
E H E I S N O Ż Y C Z K I K
L C U G Y T K U D O R P D I
O A K S A Ł R D B C R O C J
A P X V Ł N N O P M A Z S A
T A D H G U C L O K I S X Ż
F Z F Ł M K G J D T N M N B
B N G R T L C I A U R O K K
U K T O T K O S M E T Y K I
S T Y L I S T A R Ó K S T H
F O T O G E N I C Z N Y W I
L M J K T U S Z D O R Z Ę S
F L S Z M I N K A Q V Z A U
```

SZMINKA
LOKI
UROK
KOLOR
KOSMETYKI
ELEGANCKI
ELEGANCJA
LUSTRO
STYLISTA
FOTOGENICZNY

ZAPACH
ŁASKA
MAKIJAŻ
OLEJE
SKÓRA
PRODUKTY
TUSZ DO RZĘS
USŁUGI
NOŻYCZKI
SZAMPON

50 - Filantropia

```
H  P  Ł  W  Y  Z  W  A  N  I  A  X  H  L
C  I  P  U  B  L  I  C  Z  N  Y  H  Ł  U
Z  Y  S  F  I  N  A  N  S  E  Ć  Y  S  D
H  W  H  T  V  T  L  X  Z  R  Ś  I  J  Z
M  O  Ć  Ś  O  N  Z  C  E  Ł  O  P  S  K
Ł  T  J  V  Ć  R  M  Y  Ł  I  N  O  L  O
O  A  I  N  Ś  I  I  M  P  R  Z  Q  Y  Ś
D  I  U  G  O  T  R  A  O  D  C  D  P  Ć
Z  W  W  B  W  Ś  S  R  T  Ł  Ą  K  U  Y
I  Ś  K  K  I  L  Ć  G  R  Ł  Ł  E  R  L
E  K  A  B  C  W  O  O  Z  B  V  O  G  C
Ż  Ł  V  O  Z  J  U  R  E  L  E  C  B  M
D  Z  I  E  C  I  O  P  B  N  O  N  X  O
F  U  N  D  U  S  Z  E  A  J  S  I  M  X
```

SPOŁECZNOŚĆ   UCZCIWOŚĆ
ŁĄCZNOŚĆ   LUDZKOŚĆ
DZIECI   MŁODZIEŻ
WYZWANIA   MISJA
FINANSE   POTRZEBA
FUNDUSZE   CELE
HOJNOŚĆ   LUDZIE
ŚWIATOWY   PROGRAMY
GRUPY   PUBLICZNY
HISTORIA

51 - Ecologia

```
F  G  Y  N  A  T  U  R  A  L  N  Y  S  U
L  R  B  G  D  J  F  C  Z  Z  K  K  P  F
O  P  O  N  G  A  B  D  S  L  G  L  O  R
R  Z  S  Ś  X  F  X  Z  U  Z  Ó  S  Ł  Ó
A  K  A  J  L  U  I  R  S  S  R  I  E  Ż
Y  G  Z  Y  N  I  L  Ś  O  R  Y  E  C  N
W  A  R  U  T  A  N  N  K  R  D  D  Z  O
O  D  M  I  A  N  A  N  H  O  H  L  N  R
T  O  D  K  M  A  F  O  O  H  O  I  O  O
A  D  L  S  I  B  N  M  Y  Ś  U  S  Ś  D
I  H  U  R  L  F  A  U  N  A  Ć  K  C  N
W  O  J  O  K  G  Ł  A  Q  Y  Q  O  I  O
Ś  E  N  M  Z  F  V  H  F  W  B  M  Q  Ś
Z  R  Ó  W  N  O  W  A  Ż  O  N  Y  D  Ć
```

KLIMAT	NATURALNY
SPOŁECZNOŚCI	NATURA
RÓŻNORODNOŚĆ	BAGNO
FAUNA	ROŚLINY
FLORA	ZASOBY
ŚWIATOWY	SUSZA
SIEDLISKO	ZRÓWNOWAŻONY
MORSKI	ODMIANA
GÓRY	ROŚLINNOŚĆ

52 - Família

```
P R Z O D E K B A M Ł V V Q
I F Z L D D R A G A N O Ż J
A O Y Q T Y U B V C K J X Ł
B C T W Q Y B C Z I D R J V
B D W N U K G I L E N M Ó Ł
D R Q W S U G A F R B A L C
Z K A R T S O I S Z B T E E
I P U T N Z E L W Y R K M I
E Ł O Z A Z H Ł U Ń A A Ą C
C T L M Y N O K J S T K Ż J
K G P V Ł N E O E K N B M O
O C I O T K A K K I R J E K
S I O S T R Z E N I C A L B
O J C O W S K I C E I Z D Q
```

PRZODEK

BABCIA

DZIECKO

DZIECI

ŻONA

CÓRKA

SIOSTRA

BRAT

MĄŻ

MACIERZYŃSKI

MATKA

WNUK

OJCIEC

OJCOWSKI

KUZYN

SIOSTRZENICA

BRATANEK

CIOTKA

WUJEK

53 - Férias #2

```
G  Ó  R  Y  C  Ł  L  S  I  Z  S  H  D  P
C  G  N  A  M  I  O  T  T  S  P  U  F  K
L  Y  O  F  F  P  G  N  I  P  M  E  K  E
E  O  Y  V  R  G  R  L  X  Q  K  T  W  N
T  R  T  R  O  P  Z  S  A  P  S  Y  Z  Y
O  E  V  N  L  D  M  O  T  L  S  Z  L  Z
H  Z  C  E  I  M  E  I  Z  O  Z  D  U  C
W  E  M  Z  P  S  E  S  F  W  R  Y  K  O
A  R  A  R  L  X  K  B  Q  Ż  Y  F  H  P
K  W  P  O  A  Z  G  O  N  Ó  Z  S  T  Y
A  A  A  M  Ż  R  M  Q  Y  R  H  J  P  W
C  C  Q  Q  A  I  C  Ę  J  D  Z  C  P  A
J  J  S  T  R  A  N  S  P  O  R  T  F  K
E  E  W  I  Z  A  V  T  N  P  E  G  T  X
```

KEMPING	GÓRY
LOTNISKO	PASZPORT
CUDZOZIEMIEC	PLAŻA
WAKACJE	REZERWACJE
ZDJĘCIA	TAXI
HOTEL	NAMIOT
WYSPA	TRANSPORT
WYPOCZYNEK	PODRÓŻ
MAPA	WIZA
MORZE	

54 - Edifícios

```
O B S E R W A T O R I U M V
S U P E R M A R K E T H V W
Z S F A B R Y K A J M N K M
A A Z O G A R A Ż E U R D W
P A M K S O Ż S Z P I T A L
A S F E O L O E E M R A D E
R M P Y K Ł O N I K O E A T
T O I M A N A S K W T T S O
A A W A Q S Y T J U A Z A H
M U E Z U M Q O G V R B B H
E K A B I N A D Ł D O Ł M V
N I R H P Z W O D U B O A Q
T D I S M K E Ł B S A Ł C B
S T A D I O N A W Ł L J Z Y
```

APARTAMENT	SZPITAL
KABINA	HOTEL
ZAMEK	LABORATORIUM
STODOŁA	MUZEUM
KINO	OBSERWATORIUM
AMBASADA	SUPERMARKET
SZKOŁA	TEATR
STADION	NAMIOT
FABRYKA	WIEŻA
GARAŻ	

55 - Xadrez

```
T U R N I E J V H P U U S B
Y Y N R A Z C O Z R T S I M
Q Y D Ł O K G A C Z S A Ł Y
S T R A T E G I A E K Z Y U
R K B X S R A N R K I C L Y
C N D L R A A A G Ą N G R A
K U L O T I Z W D T W P L A
G P N C Q T R Z B N I S V X
G A Ł O L Y G Y W A C R I B
I Y C U H F I W D J E C Ł I
N G L K O N K U R S Z T I A
K R Ó L O W A B I E R N Y Ł
C G R W R Y X Q D O P Z D Y
Ł Q K P O Ś W I Ę C E N I E
```

BIAŁY
MISTRZ
KONKURS
WYZWANIA
PRZEKĄTNA
STRATEGIA
GRACZ
GRA
PRZECIWNIK

BIERNY
PUNKTY
CZARNY
KRÓLOWA
ZASADY
KRÓL
POŚWIĘCENIE
CZAS
TURNIEJ

56 - Aventura

```
N K Z L Q K W G T R P M D W
A G A W D O Y Y R A I N Z Y
W R Y N J E Z O U D Ę J I C
I P U F B J W K D O K R A I
G O E T P H A A N Ś N Ł Ł E
A D V V A U N Z O Ć O A A C
C R S D N N I J Ś Ł Y A L Z
J Ó B T V Ł A A Ć X W W N K
A Ż X E N T U Z J A Z M O A
X E N I E Z W Y K Ł Y N Ś N
P R Z Y J A C I E L E I Ć Z
P R Z Y G O T O W A N I E B
N I E B E Z P I E C Z N Y E
Z L O K D Q N J S Z A N S A
```

RADOŚĆ
PRZYJACIELE
DZIAŁALNOŚĆ
PIĘKNO
ODWAGA
SZANSA
WYZWANIA
TRUDNOŚĆ
ENTUZJAZM

WYCIECZKA
NIEZWYKŁY
NATURA
NAWIGACJA
NOWY
OKAZJA
NIEBEZPIECZNY
PRZYGOTOWANIE
PODRÓŻE

57 - Cidade

```
F  G  Q  M  K  W  I  A  C  I  A  R  Z  P
L  O  T  N  I  S  K  O  G  Z  Z  O  O  I
A  K  E  T  O  I  L  B  I  B  C  S  V  E
S  P  A  J  C  A  R  U  A  T  S  E  R  K
T  U  T  K  I  N  O  N  H  M  G  A  Y  A
S  S  P  E  G  K  E  G  E  O  U  I  N  R
M  A  Z  E  K  S  T  A  D  I  O  N  E  N
H  L  K  X  R  A  Ł  H  J  T  Ł  R  K  I
O  O  M  J  Ł  M  A  I  R  E  L  A  G  A
T  N  E  U  G  M  A  F  K  A  Y  G  U  Ł
E  V  H  N  Z  A  Ł  R  Z  T  U  Ę  B  O
L  V  D  D  K  E  G  P  K  R  P  I  A  K
C  J  I  I  J  Z  U  C  Q  E  Y  S  N  Z
B  H  U  I  P  X  I  M  B  A  T  K  K  S
```

LOTNISKO
BANK
BIBLIOTEKA
KINO
SZKOŁA
STADION
APTEKA
KWIACIARZ
GALERIA
HOTEL

ZOO
KSIĘGARNIA
RYNEK
MUZEUM
PIEKARNIA
RESTAURACJA
SALON
SUPERMARKET
TEATR

58 - Música

```
L I R Y C Z N Y T O M N F N
F A D A L L A B A L U A U X
P I O S E N K A R Z S G L R
F D P Ś R P O A E J I R X K
D O M N P Y Z F P G C A W L
L L E C K I T M O B A N A A
I E T D F L E M M R L I I S
D M U B L A B W F Ł K E N Y
P O E T Y C K I A B Y I O C
Z V Z W G A H P S Ć Z Ł M Z
I N S T R U M E N T U X R N
Ł Q C M W O K A L W M Ł A Y
F I M A X G C U Ł X R Ó H C
I M P R O W I Z O W A Ć B H
```

ALBUM
BALLADA
ŚPIEWAĆ
PIOSENKARZ
KLASYCZNY
CHÓR
NAGRANIE
HARMONIA
IMPROWIZOWAĆ
INSTRUMENT

LIRYCZNY
MELODIA
MIKROFON
MUSICAL
MUZYK
OPERA
POETYCKI
RYTM
TEMPO
WOKAL

59 - Matemática

```
Y  Ł  D  A  P  O  T  S  O  R  P  T  P  A
Q  P  Q  O  Q  J  B  Z  G  B  Ł  R  K  R
A  J  C  K  A  R  F  W  K  D  D  Ó  I  Y
C  X  T  V  Ą  Q  U  B  Ó  V  S  J  N  T
S  X  E  A  A  T  S  X  G  D  U  K  D  M
A  I  V  K  Q  F  Y  E  H  Q  M  Ą  A  E
I  P  R  O  S  T  O  K  Ą  T  A  T  Ł  T
R  Ó  W  N  O  L  E  G  Ł  O  B  O  K  Y
T  Ą  K  O  L  E  I  W  N  U  B  X  Y  K
E  Ł  Ó  W  N  O  L  E  G  Ł  Y  O  W  A
M  H  M  P  D  Z  I  E  S  I  Ę  T  N  Y
O  D  M  L  Ł  L  S  Y  M  E  T  R  I  A
E  P  W  K  W  A  D  R  A  T  W  B  P  E
G  R  Ó  W  N  A  N  I  E  C  S  A  H  O
```

ARYTMETYKA
KĄTY
OBWÓD
DZIESIĘTNY
RÓWNANIE
WYKŁADNIK
FRAKCJA
GEOMETRIA
RÓWNOLEGŁY

RÓWNOLEGŁOBOK
PROSTOPADŁY
WIELOKĄT
KWADRAT
PROSTOKĄT
SYMETRIA
SUMA
TRÓJKĄT

60 - Saúde e Bem Estar #1

```
K X R R A Z K V C S U V Y N
L E K A R Z Ł E Ł A T W A S
A K T Y W N Y A K I N I L K
L E C Z E N I E M P Ł S G A
H C U R D O C S O A T U Ł L
A O U U V Z Ś K Y R N R Ó E
Q P R A P F O Ó M E P I D R
W Z T M J K K R E T P W E I
H E I E O C Ł A D G O J M M
K I U C K N M A Y Z S O E D
Y B R Ł S A Y C C G T P F I
W Y S O K O Ś Ć Y B A K K T
A E Z I H K D W N Y W R E N
N A A I R E T K A B A A Q M
```

WYSOKOŚĆ
AKTYWNY
BAKTERIA
KLINIKA
LEKARZ
APTEKA
GŁÓD
ZŁAMANIE
NAWYK
HORMONY

MEDYCYNA
NERWY
KOŚCI
SKÓRA
POSTAWA
ODRUCH
RELAKS
TERAPIA
LECZENIE
WIRUS

61 - Natureza

```
I  Ł  S  P  O  K  O  J  N  Y  W  L  A  S
I  S  T  O  T  N  E  I  Y  V  R  J  E  C
C  C  H  E  I  N  E  I  N  O  R  H  C  S
S  D  Y  N  A  M  I  C  Z  N  Y  J  M  I
C  A  L  T  F  L  J  Ś  L  K  D  A  E  P
H  J  N  P  R  S  Q  I  K  Ę  K  N  W  Z
M  Z  N  K  U  O  W  L  G  I  J  J  Q  W
U  O  Q  H  T  S  P  E  P  P  O  I  I
R  R  P  F  Q  U  T  I  R  Z  E  K  A  E
Y  E  W  N  G  Z  A  Y  K  P  F  O  Ł  R
D  Z  I  K  I  P  K  R  N  A  S  P  G  Z
L  O  D  O  W  I  E  C  I  I  L  S  M  Ą
A  R  K  T  Y  C  Z  N  Y  U  A  N  C  T
P  S  Z  C  Z  O  Ł  Y  D  P  M  I  Y  F
```

PSZCZOŁY	LODOWIEC
SCHRONIENIE	MGŁA
ZWIERZĄT	CHMURY
ARKTYCZNY	SPOKOJNA
PIĘKNO	RZEKA
PUSTYNIA	SANKTUARIUM
DYNAMICZNY	DZIKI
EROZJA	SPOKOJNY
LAS	TROPIKALNY
LIŚCI	ISTOTNE

62 - A Empresa

```
E R B I Z N E S Z B J D J L
V U Q T L R E P U T A C J A
I N N O W A C Y J N Y J M M
F N S C Z A S O B Y M B D U
P R O F E S J O N A L N Y M
P R E Z E N T A C J A J T P
P F I M O Ż L I W O Ś Ć W Ś
D P T K U D O R P X S G Ó W
M E O Y L K K P Y G V Ć R I
B P C S W X V W D Z Z Ś C A
A J C Y T S E W N I Y O Z T
S J A Ł Z Ę O O E G T K Y O
C K E D S J P G R M Q A A W
F E A F Ł Ł A I T R F J I Y
```

PREZENTACJA
TWÓRCZY
DECYZJA
ŚWIATOWY
INNOWACYJNY
INWESTYCJA
BIZNES
MOŻLIWOŚĆ

PRODUKT
PROFESJONALNY
POSTĘP
JAKOŚĆ
ZASOBY
REPUTACJA
RYZYKA
TRENDY

63 - Aviões

```
K N A W I G O W A Ć Ł L C D
I I N A D M U C H A Ć E D S
N B E I N A W O D Ą L Z J Y
L D U R E Ż A S A P L R T H
I U B D U D D V M Y F T E I
S W A E O N O L A B W E S S
W O D Ó R W E L T O L I P T
M W O J X W A K M Z P W V O
N I G M Y E G H O E F O Z R
H L Y Ł X P O S S J Q P C I
E A Z T P M Ł B F Ś P X B A
M P R W V F A R E C Q H T Y
X D P T L E Z M R I Z Y L A
W Y S O K O Ś Ć A E N E J W
```

WYSOKOŚĆ	KIERUNEK
POWIETRZE	WODÓR
LĄDOWANIE	HISTORIA
ATMOSFERA	NADMUCHAĆ
PRZYGODA	SILNIK
BALON	NAWIGOWAĆ
NIEBO	PASAŻER
PALIWO	PILOT
BUDOWA	ZAŁOGA
ZEJŚCIE	

64 - Tipos de Cabelo

```
F  X  I  K  R  B  G  H  Ł  Y  S  Y  B  R
X  H  D  N  O  L  B  G  F  W  Z  M  Ł  T
F  W  W  J  E  L  I  W  Ł  O  B  F  Y  H
X  N  A  V  E  N  O  C  Ę  R  K  L  S  Q
G  K  X  B  Q  T  S  R  K  D  H  F  Z  U
Q  R  M  H  R  Z  U  U  O  Z  O  M  C  B
X  S  U  E  A  L  C  M  X  W  L  I  Z  R
U  Y  E  B  B  X  H  R  R  M  E  Ę  Ą  Ą
X  T  T  S  Y  R  Y  R  A  Z  S  K  C  Z
B  S  R  E  B  R  O  A  Y  Y  L  K  Y  O
E  I  K  O  L  C  Z  A  R  N  Y  I  J  W
Z  L  A  D  Ł  U  G  I  E  T  L  N  M  Y
L  A  H  Ł  Z  W  C  I  E  N  K  I  K  S
W  F  I  B  Y  N  O  I  C  E  L  P  Q  D
```

BIAŁY	DŁUGIE
BŁYSZCZĄCY	BRĄZOWY
LOKI	FALISTY
ŁYSY	SREBRO
SZARY	CZARNY
KOLOROWE	ZDROWY
KRĘCONE	SUCHY
CIENKI	MIĘKKI
GRUBY	PLECIONY
BLOND	

65 - Formas

```
K U S C C M V I B Z O H T K
U R P T Ą K O L E I W I R D
Ł J Z G O W K A B X R P Ó X
L H U Y G Ż S W D M V E J W
H I N T W T E O P I S R K V
O K C S P A P K O B E B Ą C
S Z E Ś C I A N L N C O T N
Y C A E Q W T X B Z F L V Y
E L I P S A U A L U K A M G
L L N M O A D I M A R I P Z
R K I N Ż O R A N Z U U W L
G W L E R E D N I L Y C E A
Z F Ł G O Ł O K W A D R A T
M A P R O S T O K Ą T T P J
```

ŁUK	BOK
NAROŻNIK	LINIA
CYLINDER	OWAL
KOŁO	PIRAMIDA
STOŻEK	WIELOKĄT
SZEŚCIAN	PRYZMAT
KRZYWA	KWADRAT
ELIPSA	PROSTOKĄT
KULA	TRÓJKĄT
HIPERBOLA	

66 - Criatividade

```
Q  Z  Y  L  P  W  I  T  A  L  N  O  Ś  Ć
Z  J  M  L  Z  Ł  D  V  V  M  G  Ł  E  X
X  Ć  Ś  O  N  W  Y  S  N  E  T  N  I  H
Ł  T  R  D  J  E  I  N  E  Ż  A  R  Y  W
Ć  Ś  O  N  Z  C  Y  T  N  E  T  U  A  W
W  R  A  Ż  E  N  I  E  V  O  U  Ł  E  Y
I  N  S  P  I  R  A  C  J  A  Ś  G  M  N
Ć  Ś  O  N  T  Ę  J  E  I  M  U  Ć  O  A
S  P  O  N  T  A  N  I  C  Z  N  Y  C  L
W  P  E  I  W  E  Y  C  H  A  K  Ł  J  A
R  E  J  L  A  R  D  U  K  R  P  J  E  Z
U  C  Z  U  C  I  A  Z  W  B  V  Z  Y  C
R  P  I  E  H  Z  E  C  D  O  F  N  O  Z
B  Q  W  A  J  C  I  U  T  N  I  R  T  Y
```

AUTENTYCZNOŚĆ
EMOCJE
SPONTANICZNY
WYRAŻENIE
PŁYNNOŚĆ
UMIEJĘTNOŚĆ
OBRAZ
WRAŻENIE

INSPIRACJA
INTENSYWNOŚĆ
INTUICJA
WYNALAZCZY
UCZUCIE
UCZUCIA
WIZJE
WITALNOŚĆ

67 - Dias e Meses

```
I  W  M  I  E  S  I  Ą  C  C  V  Ł  N  K
R  R  S  T  Y  C  Z  E  Ń  N  Z  D  I  A
W  Z  W  K  P  I  Ą  T  E  K  Ł  A  E  L
K  E  Ł  A  I  Z  D  E  I  N  O  P  D  E
F  S  R  O  K  N  B  B  T  P  D  O  Z  N
E  I  C  Z  W  A  R  T  E  K  C  T  I  D
C  E  H  Y  T  U  L  E  W  U  S  S  E  A
S  Ń  Z  K  P  Y  T  I  I  T  Ł  I  L  R
S  I  E  R  P  I  E  Ń  P  Z  O  L  A  Z
T  Y  D  Z  I  E  Ń  V  Q  I  D  R  W  A
C  Z  E  R  W  I  E  C  A  U  E  Ź  E  Z
G  R  U  D  Z  I  E  Ń  Ł  U  Y  C  A  K
A  B  Z  Ł  G  V  S  O  B  O  T  A  N  P
C  V  D  L  Ł  O  K  W  I  E  C  I  E  Ń
```

KWIECIEŃ	MIESIĄC
SIERPIEŃ	LISTOPAD
ROK	PAŹDZIERNIK
KALENDARZ	CZWARTEK
GRUDZIEŃ	SOBOTA
NIEDZIELA	PONIEDZIAŁEK
LUTY	TYDZIEŃ
STYCZEŃ	WRZESIEŃ
LIPIEC	PIĄTEK
CZERWIEC	WTOREK

68 - Saúde e Bem Estar #2

```
J U K D S N G L V T Ł W A C
U Y I C Z P E K K I W O P H
P W N Ł P W N Ż A S A M E O
Q O Ł A I C E N G L R B T R
K R E W T J T L A W O B Y O
A D W F A J Y Z W V T R T B
N Z B J L G K Y Y A R E I A
I S O E V M A T E I D S N A
M R D I N T R A W I E N I E
A N A T O M I A I G R E L A
T N F O D W O D N I E N I E
I N F E K C J A I C C K U V
W G D X E N E R G I A N G G
N A S T R Ó J H I G I E N A
```

ALERGIA
ANATOMIA
APETYT
KALORIA
CIAŁO
ODWODNIENIE
DIETA
TRAWIENIE
CHOROBA
ENERGIA

GENETYKA
HIGIENA
SZPITAL
NASTRÓJ
INFEKCJA
MASAŻ
WAGA
KREW
ZDROWY
WITAMINA

69 - Geografia

```
N  K  I  N  W  Ó  R  I  K  R  E  O  L  T
O  Ł  H  K  O  R  Z  S  I  O  C  E  A  N
U  N  Ł  W  L  Y  E  L  N  M  O  W  P  E
T  O  W  O  W  Ł  K  W  D  I  Y  Z  A  N
I  Ł  C  T  R  W  A  W  U  A  E  B  M  Y
J  G  O  S  V  B  Y  N  Ł  S  H  E  V  T
R  E  G  I  O  N  A  S  O  T  U  K  F  N
K  I  T  A  T  L  A  S  P  O  C  O  B  O
K  D  S  R  A  D  Ó  H  C  A  Z  A  R  K
I  R  O  Ó  I  L  M  P  Ó  Ł  K  U  L  A
E  Z  A  G  W  Ł  Y  O  P  Ó  Ł  N  O  C
R  O  C  J  Ś  H  U  D  R  I  T  R  M  G
P  O  Ł  U  D  N  I  E  K  Z  L  C  X  B
W  Y  S  O  K  O  Ś  Ć  N  F  E  P  V  D
```

WYSOKOŚĆ	GÓRA
ATLAS	ŚWIAT
MIASTO	PÓŁNOC
KONTYNENT	OCEAN
RÓWNIK	ZACHÓD
PÓŁKULA	KRAJ
WYSPA	REGION
MAPA	RZEKA
MORZE	POŁUDNIE
POŁUDNIK	

70 - Antártica

```
W Y P R A W A N S S K B G E
W Y S P Y D X J H K O Z E M
M W S U Y W O K U A N J O I
E A I E C W O D O L T M G N
P Ó Ł W Y S E P Ł I Y Z R E
P J T P T D Ł V M S N A A R
Z C A D A B U N I T E T F A
U A N O R H C O G Y N O I Ł
W V T Z T R F F R E T C A Y
O L K O Ł H Ł A A E N Z Y E
D T V N K H C O C S T K T A
A L Ó D I A E J J X A A R K
P I N G W I N Y A P S X L Z
T E M P E R A T U R A R U Q
```

WODA	GEOGRAFIA
ZATOKA	WYSPY
NAUKOWY	BADACZ
OCHRONA	MIGRACJA
KONTYNENT	MINERAŁY
ZATOCZKA	PÓŁWYSEP
WYPRAWA	PINGWINY
LODOWCE	SKALISTY
LÓD	TEMPERATURA

71 - Flores

```
Ł  S  S  T  O  K  R  O  T  K  A  P  W  R
S  U  M  A  G  N  O  L  I  A  W  D  Y  D
B  K  A  I  N  E  D  R  A  G  L  H  W  J
U  S  I  M  X  T  E  Z  H  Z  B  V  O  J
K  I  R  N  X  X  K  E  J  A  Ś  M  I  N
I  B  E  A  Z  Ł  K  E  Y  Z  P  L  L  K
E  I  M  P  H  C  A  Ż  Ó  R  B  A  I  O
T  H  U  I  B  K  E  O  B  X  F  W  L  R
L  X  L  L  K  E  W  N  G  E  K  E  Ł  C
T  I  P  U  U  T  R  K  O  C  W  N  H  H
L  C  L  T  Z  A  Ł  I  N  Ł  C  D  K  I
Ł  M  K  I  W  Ł  E  L  A  M  S  A  M  D
S  S  L  Q  A  P  I  W  O  N  I  A  A  E
K  O  N  I  C  Z  Y  N  A  W  I  X  K  A
```

BUKIET
GARDENIA
SŁONECZNIK
HIBISKUS
JAŚMIN
LAWENDA
LILIOWY
LILIA
MAGNOLIA
STOKROTKA

ŻONKIL
ORCHIDEA
MAK
PIWONIA
PŁATEK
PLUMERIA
RÓŻA
KONICZYNA
TULIPAN

72 - Fazenda #1

```
L G D E K G M D G J K Q K I
K U R C Z A K R Y Ż N C R E
U E N V T N I E U K A I O E
K C I E L O P I Z F W E W C
M I Ó D D R K N K J Ó L A K
P B X O U W C E L Ł Z Ę U D
S S Q W O V G Z Ś W I N I A
I K Z T D Ł P D Z A C Q X
A O Z C N X I O D A T S J Ł
N Z R I Z N E R O W Q D Ł V
O A D N Ł O S G Ł S N Ł Z N
Z F K L D E Ł O I S O J C Q
V Y V O I H Q A D O W O C V
Q E Y R Ń X G E V N F G V D
```

PSZCZOŁA	OGRODZENIE
ROLNICTWO	WRONA
RYŻ	SIANO
WODA	NAWÓZ
CIELĘ	KURCZAK
OSIOŁ	KOT
KOZA	MIÓD
POLE	ŚWINIA
KOŃ	STADO
PIES	KROWA

73 - Livros

```
S M A S Y N Z C I G A R T S
N E Q U Z X K O N T E K S T
N X R B C E P I W C Ł Y D R
O A L I Z A I R O T S I H R
A A R B A X Y M Z I L A U D
K U S R L O D T F Y A K Ł U
O T T E A J Z E O P G V F M
L O R N N T Ć Ś E I W O P U
E R O T Y U O V P J Q A D H
K T N O W Z S R E I W P T A
C P A T C Z Y T E L N I K G
J H I S T O R Y C Z N Y G E
A P R I L I T E R A C K I D
P I S E M N Y E P I C K I Z
```

AUTOR
PRZYGODA
KOLEKCJA
KONTEKST
DUALIZM
PISEMNY
EPICKI
HISTORIA
HISTORYCZNY
WYNALAZCZY

CZYTELNIK
LITERACKI
NARRATOR
STRONA
WIERSZ
POEZJA
ISTOTNE
POWIEŚĆ
SERIA
TRAGICZNY

74 - Chocolate

```
C U E Z D B Y I S A S E K Y
G U I B Q Z N W I N K G A Z
R H K E Z S O R P T Ł Z L X
S Ł D I Z W I H E Y A O O Ł
Z L O K E J B R Z O D T R T
T B Ł Z N R U I R K N Y I G
O Y S R L M L V P S I C E O
U Z Ł O U X U B Z Y K Z R M
G G C G F K L Ł V D A N U H
J A K O Ś Ć A B F A M Y A L
A R O M A T C K I N S B C F
P Y S Z N Y S M A T J E Ś Ć
K A R M E L M K M O V K P V
C Z N E Ł E A K O K O S A Ł
```

CUKIER	PYSZNY
GORZKI	SŁODKIE
ANTYOKSYDANT	EGZOTYCZNY
AROMAT	ULUBIONY
KAKAO	SMAK
KALORIE	SKŁADNIK
KARMEL	PROSZEK
KOKOS	JAKOŚĆ
JEŚĆ	PRZEPIS

75 - Governo

```
O B Y W A T E L S T W O Z Z
Ł N L I D E R Y G E R D Y Q
K O N S T Y T U C J A M Y R
S P O K O J N A P H U O A A
R K C O Ć Ś O N L O W W K J
D Y S K U S J A Ł X M A Y C
T W H V H C T H D S A N T A
L O B M Y S Y N A R Ó D I R
Q D K Ć Ś O N W Ó R Q V L K
U Ą X Z J Q C J I N T L O O
Y S K R A J O W E L C Z P M
D Z I E L N I C A E N Q J E
P R A W O A K S T A N Y P D
N I E Z A L E Ż N O Ś Ć K W
```

OBYWATELSTWO	SĄDOWY
CYWILNY	PRAWO
KONSTYTUCJA	WOLNOŚĆ
DEMOKRACJA	LIDER
MOWA	POMNIK
DYSKUSJA	KRAJOWE
DZIELNICA	NARÓD
STAN	SPOKOJNA
RÓWNOŚĆ	POLITYKA
NIEZALEŻNOŚĆ	SYMBOL

76 - Jardinagem

```
V V E H F B G B R U D Ł P G
W Ą Ż W A L A D O W J K O L
O Y N Z C Y T O Z G E L J E
W I L G O Ć U J V L L I E B
R K X V X C N K A R D M M A
B U K I E T E M W D Ł A N H
Z I R C B E K S H I A T I G
S S Ć Ś I L B A K O T L K K
Q A K I L K U N L S O N N I
T B D L S E Z O N O W Y Ą Y
K O M P O S T I V Z Y K V Ć
P X X T D Y Z S A P J O G C
T C L Y W O T A I W K D W I
W O Y N Z C I N A T O B N O
```

WODA	LIŚĆ
BOTANICZNY	LIŚCI
BUKIET	WĄŻ
KLIMAT	SAD
JADALNY	POJEMNIK
KOMPOST	SEZONOWY
GATUNEK	NASIONA
EGZOTYCZNY	GLEBA
KWITNĄĆ	BRUD
KWIATOWY	WILGOĆ

77 - Profissões #2

```
D  J  Ę  Z  Y  K  O  Z  N  A  W  C  A  B
P  Z  R  A  K  E  T  O  I  L  B  I  B  A
I  I  I  S  C  P  G  X  H  R  O  G  N  D
L  N  L  E  L  W  O  S  H  O  G  X  A  A
J  N  Ż  O  N  Z  L  N  B  L  R  A  U  C
C  H  F  Y  T  N  O  K  A  N  O  S  C  Z
A  G  T  K  N  R  I  V  C  I  D  T  Z  F
G  Ł  Ł  E  F  I  B  K  Z  K  N  R  Y  O
M  A  L  A  R  Z  E  X  A  B  I  O  C  T
L  E  K  A  R  Z  Q  R  L  R  K  N  I  O
C  H  I  R  U  R  G  R  A  A  Z  A  E  G
D  A  K  A  T  S  Y  T  N  E  D  U  L  R
F  I  L  O  Z  O  F  P  Y  K  E  T  T  A
Z  O  O  L  O  G  L  P  W  U  C  A  I  F
```

ROLNIK	BADACZ
ASTRONAUTA	OGRODNIK
BIBLIOTEKARZ	DZIENNIKARZ
BIOLOG	JĘZYKOZNAWCA
CHIRURG	LEKARZ
DENTYSTA	PILOT
INŻYNIER	MALARZ
FILOZOF	NAUCZYCIEL
FOTOGRAF	ZOOLOG
WYNALAZCA	

78 - Café

```
E  X  F  W  F  H  Y  D  D  Q  G  A  G  P
A  E  I  N  E  Z  D  O  H  C  O  P  O  I
R  F  L  M  M  P  W  V  D  O  N  A  R  E
O  I  T  D  Ć  L  H  J  Z  K  I  X  Z  C
M  L  R  O  Z  I  L  Q  Z  U  W  I  K  Z
A  I  X  H  U  Y  L  M  E  A  R  A  I  O
T  Ż  Ł  K  Y  Y  M  E  C  I  E  C  Z  N
V  A  L  A  O  F  X  R  I  S  I  Ł  F  Y
Y  N  V  N  N  F  K  K  A  M  K  Ł  H  H
N  K  C  A  A  N  E  C  T  A  U  Z  U  F
R  A  N  I  P  N  K  I  W  K  C  H  R  D
A  A  N  M  Ó  C  R  H  N  M  Ł  E  K  O
Z  Q  N  D  J  I  W  L  E  A  D  O  W  Q
C  I  U  O  G  I  Z  Z  I  P  C  X  Ł  V
```

CUKIER	MLEKO
GORZKI	CIECZ
AROMAT	RANO
PIECZONY	MIELIĆ
WODA	POCHODZENIE
NAPÓJ	CENA
KOFEINA	CZARNY
FILIŻANKA	SMAK
KREM	ODMIANA
FILTR	

79 - Negócios

```
B Q Y Y F K K Q N K B E P I
Y V A R E I R A K O U K R N
W Z L X F O N T A S D O A W
G F G Ł A Z O A V Z Ż N C E
G Y O Ł Z H R B N T E O O S
D O C H Ó D U A G S T M W T
P O D A T K I R K K E I N Y
M D R F F A B R Y K A A I C
E Z D Ą I N E I P U T W K J
Ż A D E Z R P S S K H K O A
D Y B N M C M U U K S Y Z Ł
Ł N J T F Y L A T U L A W T
P R A C O D A W C A Z E U L
J C E B H X T O W A R K P C
```

KARIERA	FINANSE
KOSZT	PODATKI
RABAT	INWESTYCJA
PIENIĄDZE	SKLEP
EKONOMIA	ZYSK
PRACOWNIK	TOWAR
PRACODAWCA	WALUTA
FIRMA	BUDŻET
BIURO	DOCHÓD
FABRYKA	SPRZEDAŻ

80 - Fazenda #2

```
B Q D Q P E Ę B L C O Y N J
A M A L Y F V I F I W D A D
K X S Ń O N J E N Ą C T W O
Z W I E R Z Ą T B G E D A L
C A C I N E Z S P N A H D T
A D O M H I O X R I A J N Y
K F K Z T Q F G J K W P I S
H O X C D O J R Z A Ł Y A T
L G E Ę K E K Z N G Ł J N O
N S I J L P Z E O W O C I D
R O L N I K T S L Z Ł K E O
K U K U R Y D Z A M Ą J K Ł
P A S T E R Z I X T K V C A
A P Z T U L M C W H A F P H
```

ROLNIK	DOJRZAŁY
ZWIERZĄT	KUKURYDZA
STODOŁA	OWCE
JĘCZMIEŃ	PASTERZ
UL	KACZKA
JAGNIĘ	SAD
OWOC	ŁĄKA
NAWADNIANIE	CIĄGNIK
MLEKO	PSZENICA
LAMA	

81 - Jardim

```
K W I N O R O Ś L H J O A V
B R J G X U F K Ł F A G Y L
E E Z W O L O L H D Ó R G O
T R Ł A W A R T U M F O Q J
V D I T K D R Z E W O D F C
H W R S Q B W A Y O U Z H B
T A R A S Ł O P A T A E D Z
S I S C B K S G Z C P N S I
I A K W A Ł I F L V E I A B
K Ł D M B H E G T E I E G A
T R A M P O L I N A B E A H
G A N E K M K W I A T A R W
G R A B I E Z M H F O G A Ą
T R A W N I K H A M A K Ż Ż
```

GRABIE
KRZAK
DRZEWO
ŁAWKA
OGRODZENIE
KWIAT
GARAŻ
TRAWA
TRAWNIK
OGRÓD

STAW
HAMAK
WĄŻ
ŁOPATA
SAD
GLEBA
TARAS
TRAMPOLINA
GANEK
WINOROŚL

82 - Oceano

```
K F Z S G G A O K V O Ż E K
D R D B W H E Ś R P S Ó T O
F B A K B Ą G M E M T Ł U R
X Y Z B Z P D I W Q R W Ń A
W R R U K G T O E I Y M C L
U O U Ź C R A R T F G M Z Y
M L B Q D Q K N K A A W Y Ł
H E A I S Ó L I A L F O K L
J I D Y V T Ł C V E F C N Z
A W X U M H Ł A D C Q X I N
C Ł C P Z R O G Ę W R A F A
P Ł Y W Y A W R Q I O J L W
Q H H C I S Q I H N I K E R
H Y Z Z R Y B A N U C A D A
```

TUŃCZYK	MEDUZA
WIELORYB	FALE
ŁÓDŹ	OSTRYGA
KREWETKA	RYBA
KRAB	OŚMIORNICA
KORAL	RAFA
WĘGORZ	SÓL
GĄBKA	ŻÓŁW
DELFIN	BURZA
PŁYWY	REKIN

83 - Profissões #1

```
K T Y M Y Ś L I W Y D J P T
Y A K R A I N G Ę L E I P A
Z K R B J C E I W A R K H N
U O O T J M O Z X S Q R Y C
M W D Ł O Ł D O F T S J D E
M D A G C G W U J R T U R R
A A S O E W R S R O R B A Z
R U A L I O U A A N A I U B
Y B B O W Ł L W F O Ż L L A
N H M H O D H O Ł M A E I N
A P A C K B Ł K G L K R K K
R Y V Y U A R T Y S T A N I
Z Z A S A P I A N I S T A E
A B E P N R E D A K T O R R
```

ADWOKAT
KRAWIEC
ARTYSTA
ASTRONOM
BANKIER
STRAŻAK
MYŚLIWY
KARTOGRAF
NAUKOWIEC
TANCERZ

REDAKTOR
AMBASADOR
HYDRAULIK
PIELĘGNIARKA
GEOLOG
JUBILER
MARYNARZ
MUZYK
PIANISTA
PSYCHOLOG

84 - Força e Gravidade

```
S  U  W  Y  Y  I  W  P  P  Z  G  L  D  T
U  F  M  T  I  T  P  P  T  F  J  P  Y  A
X  R  E  E  U  H  G  I  Ł  S  F  R  N  R
V  E  Y  N  C  U  P  F  A  Y  S  Ę  A  C
M  K  D  A  P  H  X  C  K  T  W  D  M  I
S  A  Q  L  B  G  A  X  Y  Ć  A  K  I  E
Z  G  G  P  B  U  B  N  Z  Ś  O  O  C  C
T  A  H  N  Q  Y  S  H  I  O  X  Ś  Z  Z
L  W  S  R  E  T  P  Y  F  K  H  Ć  N  A
G  K  M  U  R  T  N  E  C  L  A  D  Y  S
O  R  B  I  T  A  Y  C  K  E  M  L  Q  M
K  V  G  Z  E  C  V  Z  C  I  I  N  W  I
O  D  K  R  Y  C  I  E  M  W  X  R  A  D
W  Ł  A  Ś  C  I  W  O  Ś  C  I  C  Z  L
```

TARCIE
CENTRUM
ODKRYCIE
DYNAMICZNY
OŚ
FIZYKA
WPŁYW
MAGNETYZM

WIELKOŚĆ
MECHANIKA
ORBITA
WAGA
PLANETY
WŁAŚCIWOŚCI
PRĘDKOŚĆ
CZAS

85 - Abelhas

```
D  X  R  W  L  L  Q  T  W  O  S  K  S  N
A  A  W  O  L  Ó  R  K  G  H  X  F  V  M
R  Ó  J  K  Ś  C  T  M  O  D  Q  A  B  A
V  L  Z  S  C  L  O  G  R  Ó  D  G  U  I
J  O  C  I  H  L  I  A  N  S  K  L  L  Y
S  S  N  L  R  Ć  Ą  N  T  I  W  K  D  U
K  X  G  D  Ó  I  M  G  Y  T  A  I  W  K
R  G  L  E  C  Ń  O  Ł  S  Q  K  Y  I  H
Z  X  Z  I  P  Y  Ł  E  K  N  Y  S  Z  U
Y  D  S  S  E  K  O  S  Y  S  T  E  M  R
D  R  Ó  Ż  N  O  R  O  D  N  O  Ś  Ć  P
Ł  Z  D  A  W  O  U  O  N  Z  Z  Z  K  K
A  Q  Y  Ł  A  L  O  W  O  C  N  S  D  D
Q  V  M  K  O  R  Z  Y  S  T  N  Y  V  F
```

SKRZYDŁA	DYM
KORZYSTNY	SIEDLISKO
WOSK	OWAD
UL	OGRÓD
RÓŻNORODNOŚĆ	MIÓD
EKOSYSTEM	ROŚLINY
RÓJ	PYŁEK
KWITNĄĆ	KRÓLOWA
KWIATY	SŁOŃCE
OWOC	

86 - Ciência

```
G  K  A  O  I  K  Z  C  E  T  S  Ą  Z  C
N  R  L  H  F  H  A  Z  E  T  O  P  I  H
A  U  A  I  G  Y  L  Ą  G  P  E  Z  Ł  O
T  E  D  W  M  D  M  S  N  T  W  C  B  B
U  E  Z  Y  I  A  O  T  D  V  O  V  N  S
R  Y  G  C  X  T  T  K  Y  Z  L  P  J  E
A  C  Q  A  Y  A  A  I  T  M  U  J  S  R
R  O  Ś  L  I  N  Y  C  G  B  C  R  F  W
O  R  G  A  N  I  Z  M  J  D  J  B  G  A
M  E  T  O  D  A  D  A  Z  A  A  Y  A  C
I  T  T  U  F  Y  Ł  A  R  E  N  I  M  J
A  K  Y  Z  I  F  F  R  N  U  L  B  R  A
N  A  U  K  O  W  I  E  C  E  U  V  U  G
R  F  L  A  B  O  R  A  T  O  R  I  U  M
```

ATOM	LABORATORIUM
NAUKOWIEC	METODA
KLIMAT	MINERAŁY
DANE	CZĄSTECZKI
EWOLUCJA	NATURA
FAKT	OBSERWACJA
FIZYKA	ORGANIZM
GRAWITACJA	CZĄSTKI
HIPOTEZA	ROŚLINY

87 - Comida #1

```
F  I  Ł  S  A  K  T  A  Ł  A  S  C  C  H
I  J  G  Z  P  L  Z  G  Ł  Z  G  G  I  C
K  R  Y  P  E  X  U  J  O  K  T  N  A  S
U  E  B  I  Z  Y  P  B  K  E  K  O  S  M
J  I  H  N  R  X  A  L  E  R  O  M  T  A
T  K  W  A  L  W  K  S  N  C  K  A  O  R
M  U  L  K  D  N  Z  X  S  V  E  N  A  C
B  C  Ń  Q  B  E  W  Q  O  M  L  Y  P  H
N  A  Q  C  F  O  N  G  Z  O  M  C  K  E
G  H  Z  G  Z  D  I  H  C  A  R  A  L  W
Z  C  F  Y  X  Y  P  Ł  J  A  A  W  B  K
H  E  K  G  L  W  K  Z  E  Z  S  Ó  L  A
G  C  E  Ń  E  I  M  Z  C  Ę  J  B  U  M
M  I  A  I  J  R  A  N  Y  R  T  Y  C  P
```

CUKIER	SZPINAK
CZOSNEK	MLEKO
ARACHID	CYTRYNA
TUŃCZYK	BAZYLIA
CIASTO	RZEPA
CYNAMON	SÓL
CEBULA	SAŁATKA
MARCHEWKA	ZUPA
JĘCZMIEŃ	SOK
MORELA	

88 - Geometria

```
R  A  J  C  R  O  P  O  R  P  K  R  M  L
Ó  I  X  P  O  Z  I  O  M  Y  Ą  Ó  E  O
W  N  C  G  Ł  O  O  I  D  F  T  W  D  G
N  H  P  N  O  Ł  Z  C  D  Q  X  N  I  I
O  C  N  M  K  Ł  M  O  X  Y  W  A  A  K
L  Z  Ś  R  E  D  N  I  C  A  Ł  N  N  A
E  R  C  A  K  B  T  U  V  V  U  I  A  I
G  E  H  F  S  R  U  K  Q  S  Ł  E  C  R
Ł  I  T  Q  Ń  E  Z  C  I  L  B  O  N  O
Y  W  Y  M  I  A  R  Y  R  T  A  I  L  E
B  O  K  E  U  I  K  C  W  J  Z  G  E  T
U  P  T  R  Ó  J  K  Ą  T  A  S  A  M  Y
S  Y  M  E  T  R  I  A  R  I  Z  I  W  L
K  Ł  W  Y  S  O  K  O  Ś  Ć  X  G  S  L
```

WYSOKOŚĆ	MASA
KĄT	MEDIANA
OBLICZEŃ	RÓWNOLEGŁY
KOŁO	PROPORCJA
KRZYWA	CZŁON
ŚREDNICA	SYMETRIA
WYMIAR	POWIERZCHNIA
RÓWNANIE	TEORIA
POZIOMY	TRÓJKĄT
LOGIKA	

89 - Pássaros

```
F  Ł  O  T  H  D  P  G  V  M  T  S  J  A
V  L  D  R  K  S  R  I  Ł  Q  Z  S  A  K
F  F  A  L  P  A  Z  C  N  A  F  E  J  Ł
Ł  P  G  M  B  B  E  S  A  G  I  N  K  U
O  C  P  L  I  S  Ś  A  K  V  W  A  O  K
S  T  R  U  Ś  N  Ę  N  U  B  C  I  T  U
V  D  P  P  N  Z  G  Y  T  M  T  C  N  K
P  A  P  U  G  A  W  E  M  W  R  O  N  A
Ł  A  B  Ę  D  Ź  O  P  R  E  G  B  E  Z
W  R  Ó  B  E  L  R  A  A  U  O  G  J  C
Z  C  Y  J  N  M  Z  X  N  W  Ł  F  A  R
K  A  C  Z  K  A  E  K  T  U  Ą  I  E  U
I  E  R  J  E  B  Ł  V  N  W  B  Z  X  K
P  E  L  I  K  A  N  V  R  X  Ł  O  G  A
```

STRUŚ	CZAPLA
ORZEŁ	JAJKO
BOCIAN	PAPUGA
ŁABĘDŹ	WRÓBEL
WRONA	KACZKA
KUKUŁKA	PAW
FLAMING	PELIKAN
KURCZAK	PINGWIN
MEWA	GOŁĄB
GĘŚ	TUKAN

90 - Literatura

```
T  S  V  A  F  E  A  N  E  G  D  O  T  A
Ł  P  S  N  A  I  N  I  P  O  D  M  Z  H
U  B  L  A  N  N  K  E  S  O  I  N  W  H
C  G  Ł  L  E  A  H  C  B  U  D  L  R  W
R  S  Q  I  H  N  U  X  J  J  D  P  Y  W
O  Y  O  Z  Ł  W  Ł  T  T  A  M  E  T  Q
T  Y  T  A  O  Ó  H  F  K  I  Y  L  Z  B
A  C  H  M  Y  R  A  R  O  F  A  T  E  M
R  S  A  I  G  O  L  A  N  A  I  I  T  F
R  I  T  S  U  P  W  A  U  R  V  I  T  O
A  P  F  Y  J  B  U  U  R  G  Ł  N  O  D
N  O  U  J  L  Z  C  T  G  O  L  A  I  D
W  I  E  R  S  Z  L  O  M  I  L  X  M  J
P  O  W  I  E  Ś  Ć  R  Z  B  O  A  U  Q
```

ANALOGIA	FIKCJA
ANALIZA	METAFORA
ANEGDOTA	NARRATOR
AUTOR	OPINIA
BIOGRAFIA	WIERSZ
PORÓWNANIE	RYM
WNIOSEK	RYTM
OPIS	POWIEŚĆ
DIALOG	TEMAT
STYL	

91 - Química

```
U V J H N E G Z K E P A J W
C X Y Ł E N C A I L N L Q Ę
T Z I Ę I Z I G Z E N K C G
E F Ą G X Y E A B M O A H I
M E O S A M P W Z E R L L E
P N L K T K Ł G H N T I O L
E T P P W E O U S T K C R J
R L X V X A C Q U Y E Z Ó B
A E A I X G S Z S Ó L N D F
T N D X R S J S K T E Y O H
U O C R A V I N R A G Q W U
R Q E O R G A N I C Z N Y W
A Z K A T A L I Z A T O R Ł
C I E C Z Y W O R D Ą J M A
```

ALKALICZNY	WODÓR
KWAS	JON
CIEPŁO	CIECZ
WĘGIEL	CZĄSTECZKA
KATALIZATOR	JĄDROWY
CHLOR	ORGANICZNY
ELEMENTY	TLEN
ELEKTRON	WAGA
ENZYM	SÓL
GAZ	TEMPERATURA

92 - Clima

```
H  M  G  Ł  A  H  A  P  Z  P  N  C  A  A
T  U  N  M  W  J  N  L  I  A  N  A  N  W
E  A  R  U  M  H  C  U  P  O  B  N  Q  B
M  O  D  A  N  R  O  T  O  B  R  M  X  I
P  M  D  Z  G  A  X  X  L  E  G  U  Y  L
E  O  K  R  T  A  U  Y  A  I  R  K  N  Ó
R  N  D  U  S  Z  N  G  R  N  Z  L  L  D
A  S  F  B  Y  T  J  Q  N  P  M  I  A  N
T  U  V  X  H  U  J  S  Y  P  O  M  K  O
U  N  T  Ę  C  Z  A  R  U  R  T  A  I  W
R  R  Q  H  U  R  L  E  Z  S  K  T  P  M
A  R  E  F  S  O  M  T  A  A  Z  D  O  K
B  R  Y  Z  A  P  E  N  G  C  A  A  R  Y
I  H  F  Ł  F  E  C  G  M  V  K  A  T  Y
```

TĘCZA	POLARNY
ATMOSFERA	PIORUN
BRYZA	SUSZA
NIEBO	SUCHY
KLIMAT	TEMPERATURA
HURAGAN	BURZA
LÓD	TORNADO
MONSUN	TROPIKALNY
MGŁA	GRZMOT
CHMURA	WIATR

93 - Arte

```
K  N  A  S  T  R  Ó  J  X  Z  A  O  J  O
H  O  O  B  R  A  Z  Y  P  Ł  F  M  L  R
W  M  M  W  Y  R  A  Ż  E  N  I  E  X  Y
P  Q  P  P  S  Y  M  B  O  L  H  L  X  G
Y  N  A  W  O  R  I  P  S  N  I  A  Z  I
K  Y  J  T  Q  Z  R  Ó  W  T  S  D  Ł  N
E  B  Z  C  Z  A  Y  W  I  C  Z  C  U  A
K  B  E  E  B  O  N  C  I  R  C  V  P  Ł
O  S  O  B  I  S  T  Y  J  J  H  C  R  T
U  M  P  R  Z  E  Ź  B  A  A  F  H  O  E
P  R  Z  E  D  S  T  A  W  I  A  Ć  S  M
T  D  C  E  R  A  M  I  C  Z  N  Y  T  A
K  O  M  P  L  E  K  S  Q  X  K  K  Y  T
S  U  R  R  E  A  L  I  Z  M  K  O  P  L
```

CERAMICZNY	ORYGINAŁ
KOMPLEKS	OSOBISTY
KOMPOZYCJA	OBRAZY
STWÓRZ	POEZJA
RZEŹBA	PRZEDSTAWIAĆ
WYRAŻENIE	PROSTY
UCZCIWY	SYMBOL
NASTRÓJ	TEMAT
ZAINSPIROWANY	SURREALIZM

94 - Diplomacia

```
B F U D A C D A R O D B N W
H F W Ł H M G E I Q D P A I
J V C J Q S B S D X L J K V
U Y N Z C Y T A M O L P Y D
K T R A K T A T S O Y A T P
A O Q Z N O R C E A G H E O
M L N J Ę Z Y K I L D A K L
B J R F O N B K Ł L X O J I
A G Ł E L E T A W Y B O R T
S Y N Z C I N A R G A Z R Y
A L A J S U K S Y D Y S Z K
D X Y M C H L T L F U A Ą A
A K A M P A N I E R M W D Z
I Y S P O Ł E C Z N O Ś Ć E
```

KAMPANIE   AMBASADOR
OBYWATELE   ZAGRANICZNY
SPOŁECZNOŚĆ ETYKA
KONFLIKT   RZĄD
DORADCA   JĘZYKI
DYPLOMATYCZNY POLITYKA
DYSKUSJA   TRAKTAT
AMBASADA

95 - Comida # 2

```
X I J M P K A Z C R U K R P
Ł M A X S O A N T D Y L R S
I R B A Z K M R H M Ł Q B Z
V E Ł I Y J K I C Z U M A E
C X K T N A G Y D Z K X N N
O Z O Z K J J S Z O O W A I
G N E O A S E R M T R C N C
Q P Ł K X U G R Z Y B G H A
N D Y R O K I W I N A T G I
F T D D S L M I G D A Ł R N
X O O E X N A Ż A Ł K A B Ś
J O G U R T E D R Y B A X I
D Q Y R I R M G A Y A A T W
R Y Ż W I N O G R O N O C E
```

KARCZOCH
MIGDAŁ
RYŻ
BANAN
BAKŁAŻAN
BROKUŁY
WIŚNIA
CZEKOLADA
GRZYB
KURCZAK

JOGURT
KIWI
JABŁKO
JAJKO
RYBA
SZYNKA
SER
POMIDOR
PSZENICA
WINOGRONO

96 - Universo

```
I  Q  E  R  W  A  R  E  F  S  O  M  T  A
X  C  H  W  R  S  Y  O  U  S  B  O  N  K
S  Y  I  K  C  T  N  X  R  F  E  N  O  Y
W  Ż  E  P  Ł  E  T  P  R  R  I  O  Z  T
N  Ę  I  D  F  R  U  S  I  V  N  R  Y  K
S  I  N  A  P  O  K  S  E  L  E  T  R  A
Ł  S  E  R  J  I  A  W  Z  G  V  S  O  L
O  K  L  B  P  D  P  F  O  Y  P  A  H  A
N  I  I  P  I  A  T  I  B  R  O  E  C  G
E  N  S  B  M  A  L  U  K  Ł  Ó  P  L  M
C  W  E  E  O  N  Ń  Z  O  D  I  A  K  P
Z  Ó  Z  C  L  X  N  S  P  N  T  B  Q  Y
N  Ŕ  R  Y  T  P  R  G  K  M  S  Q  I  J
Y  N  P  D  K  Y  N  Z  C  I  M  S  O  K
```

ASTEROIDA	PÓŁKULA
ASTRONOM	HORYZONT
ATMOSFERA	KSIĘŻYC
NIEBIAŃSKI	ORBITA
NIEBO	SŁONECZNY
KOSMICZNY	PRZESILENIE
EON	TELESKOP
RÓWNIK	ZODIAK
GALAKTYKA	

97 - Jazz

```
O R K I E S T R A Ł B B I O
G A T U N E K K Q Ł Ę Q J H
K O M P O Z Y T O R B W A K
R Y T M F M N O W Y N T L O
W U T R M Z D K A K Y Z U M
I M P R O W I Z A C J A P P
T U U P K O N C E R T S I O
P E L A L B U M E I Ł Ł O Z
T K C U N A C I S K T A S Y
S A U H B S T A R Y H W E C
Y B L P N I K S T Y L N N J
Ł F Y E C I O O H C Q Y K A
T G U E N E K N S A D I A Y
U A T S Y T R A E C Q G H F
```

ARTYSTA
ALBUM
BĘBNY
PIOSENKA
KOMPOZYCJA
KOMPOZYTOR
KONCERT
STYL
NACISK
SŁAWNY

ULUBIONE
GATUNEK
IMPROWIZACJA
MUZYKA
NOWY
ORKIESTRA
RYTM
TALENT
TECHNIKA
STARY

98 - Barcos

```
C D O C E A N K F S P K Ż G
R O V U U O A W T A R T A X
M K H Q F V N F J C O U G Q
A K E Z R A I G V I M D L Z
R J E M Y G L M V W G I Ó O
Y N I S Z O Y E J T Q W W Q
N A T D Z Ł K E U O I H K U
A U L O Ł A I R S K J L A A
R T C N R Z N B M A S Z T V
Z Y N X U O L Ł O K A J A K
D C O Y F D I J N J F K X X
I Z D F A V S Z X B A I O T
Q N L F L X C M E Z R O M J
P Y S P A J Y B A J A C H T
```

KOTWICA
PROM
BOJA
KAJAK
LINA
DOK
JACHT
TRATWA
JEZIORO
MORZE

FALA
MARYNARZ
MASZT
SILNIK
NAUTYCZNY
OCEAN
FALE
RZEKA
ZAŁOGA
ŻAGLÓWKA

99 - Mamíferos

```
X D K G K K M E G Y Z V F A
S X J D U J L A A F B Ó B R
D V N R A P C Z Ł W I L K B
S K K D W P K O Ń P E B I E
V P Y Y G S Y L I S A C L Z
P G O Ł C S U J X K T D Ó Q
Ż D Z X D E L F I N O L R J
Y J P B I I B W F Q K W K C
R C O Y G P H P C P E E C P
A K U K I O W Ł K R F L P E
F K O J O T R U G N A K M Y
A S Ł O Ń W C Y K Y Z N H F
W I E L O R Y B L Z C X J T
R U W N V G W I E L B Ł Ą D
```

WIELORYB	ŻYRAFA
WIELBŁĄD	DELFIN
KANGUR	GORYL
BÓBR	LEW
KOŃ	WILK
PIES	MAŁPA
KRÓLIK	OWCE
KOJOT	LIS
SŁOŃ	BYK
KOT	ZEBRA

100 - Atividades e Lazer

```
K V H W T T P Ł Y W A N I E
E W T Y I B E G G Z O J I S
M B I Ś F B E N J F Z N I A
P G B C Q S N C I R B R I N
I Y O I R I F V P S S D K Ż
N B L G W Ę D K A R S T W O
G B E I N A W O K R U N Ó N
Y O W T C I N D O R G O R A
G H T W E R F L O G R S D K
Y R K D W Ż Ó R D O P Z Ę Ł
C X S C Ł J L B U A L T W I
B A S E B A L L O S V U R P
M A L A R S T W O K R K E F
K O S Z Y K Ó W K A S A Z T
```

KEMPING
SZTUKA
KOSZYKÓWKA
BASEBALL
BOKS
WĘDRÓWKI
WYŚCIGI
PIŁKA NOŻNA
GOLF

HOBBY
OGRODNICTWO
NURKOWANIE
PŁYWANIE
WĘDKARSTWO
MALARSTWO
SURFING
TENIS
PODRÓŻ

1 - Dirigindo

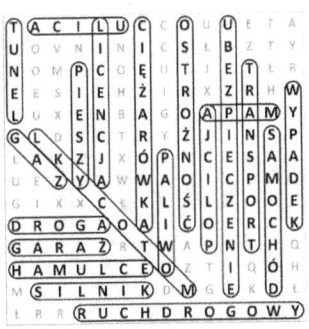

2 - Antiguidades

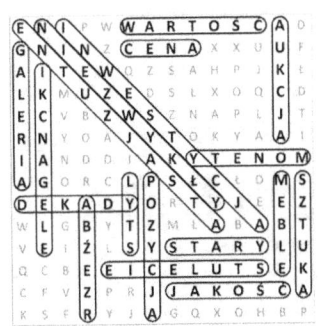

3 - Churrascos

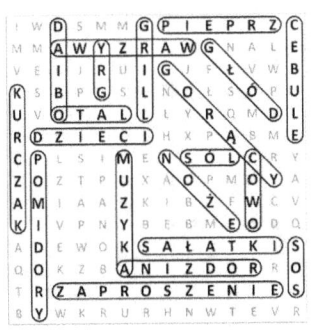

4 - Geologia

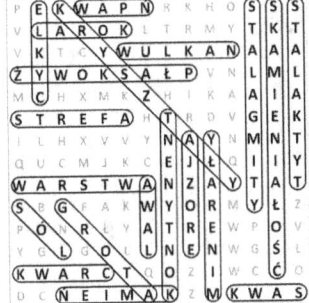

5 - Ética

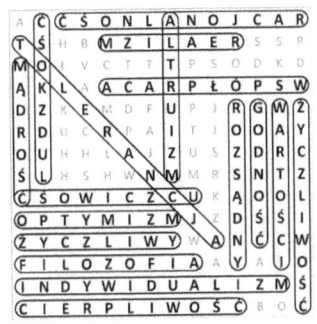

6 - Tempo

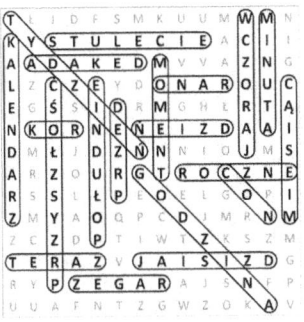

7 - Astronomia

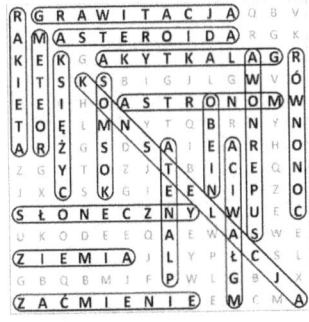

8 - Circo

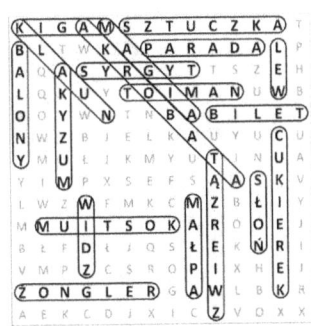

9 - Acampamento

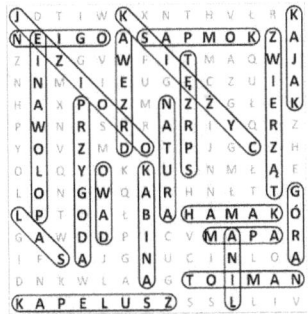

10 - Ficção Científica

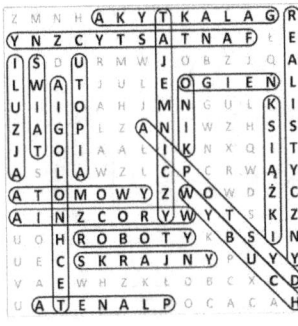

11 - Mitologia

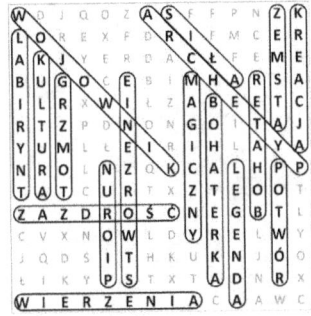

12 - Medições

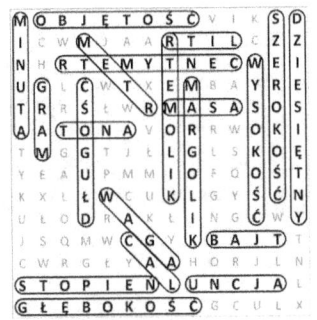

13 - Álgebra

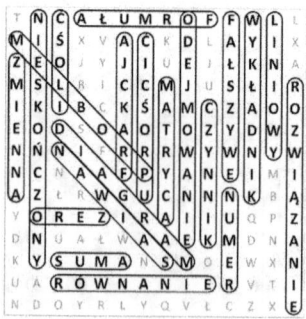

14 - Plantas

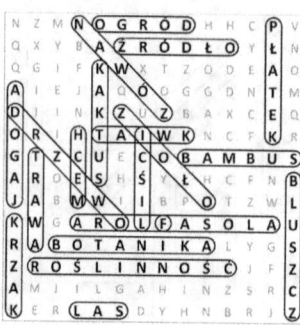

15 - Veículos

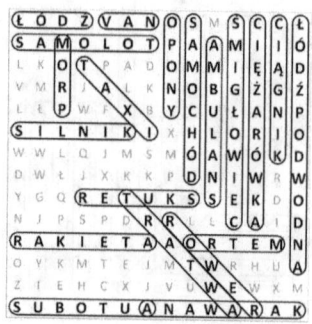

16 - Engenharia

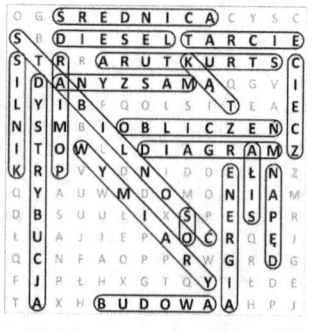

17 - Restaurante # 2

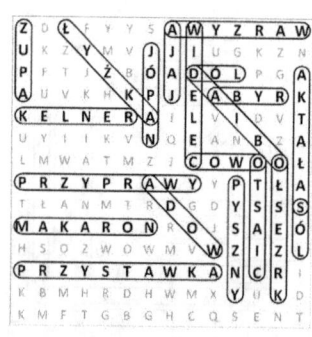

18 - Países #2

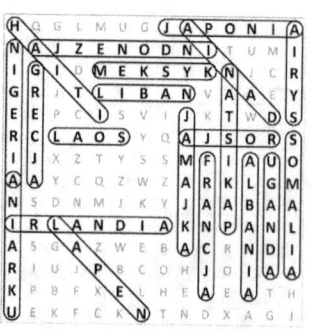

19 - Cozinha

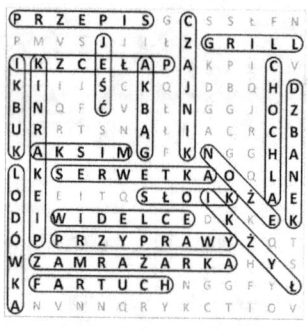

20 - Material de Arte

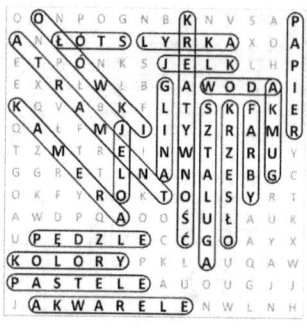

21 - Números

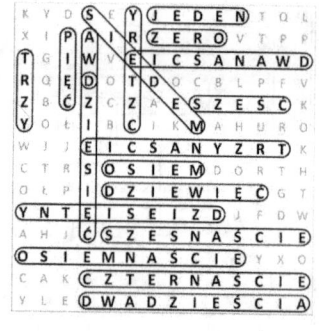

22 - Física

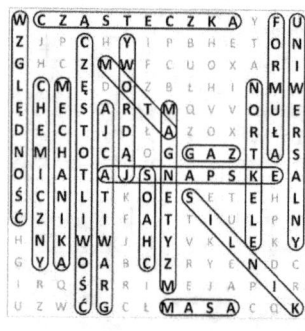

23 - Especiarias

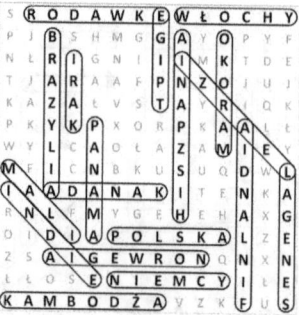

24 - Países #1

25 - A Mídia

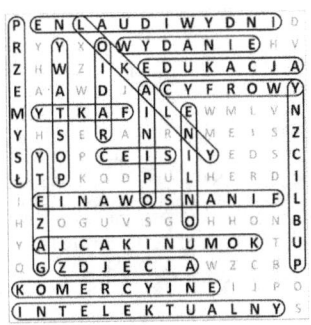

26 - Casa

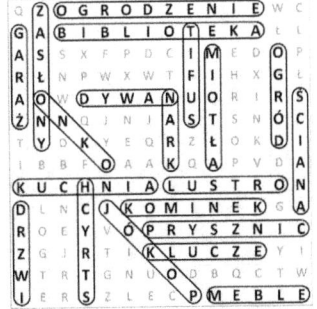

27 - Vegetais

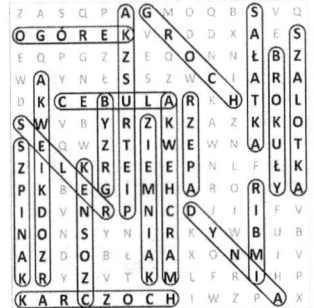

28 - Balé

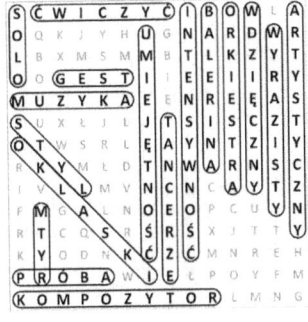

29 - Adjetivos #1

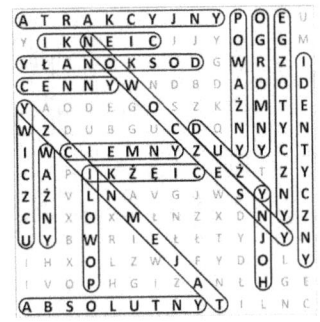

30 - Psicologia

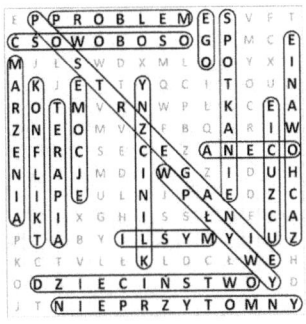

31 - Paisagens

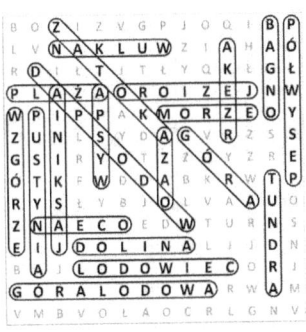

32 - Dança

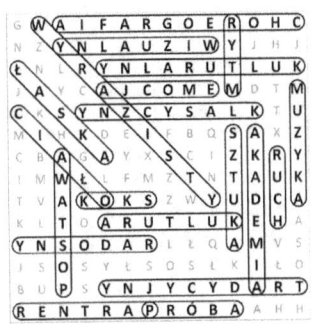

33 - Nutrição

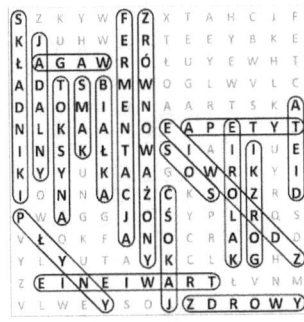

34 - Energia

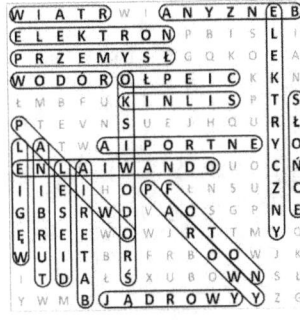

35 - Disciplinas Científicas

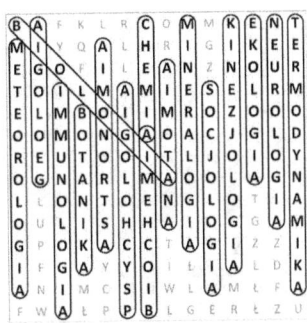

36 - Meditação

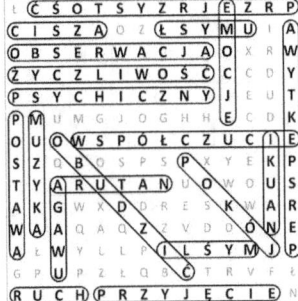

37 - Artes Visuais

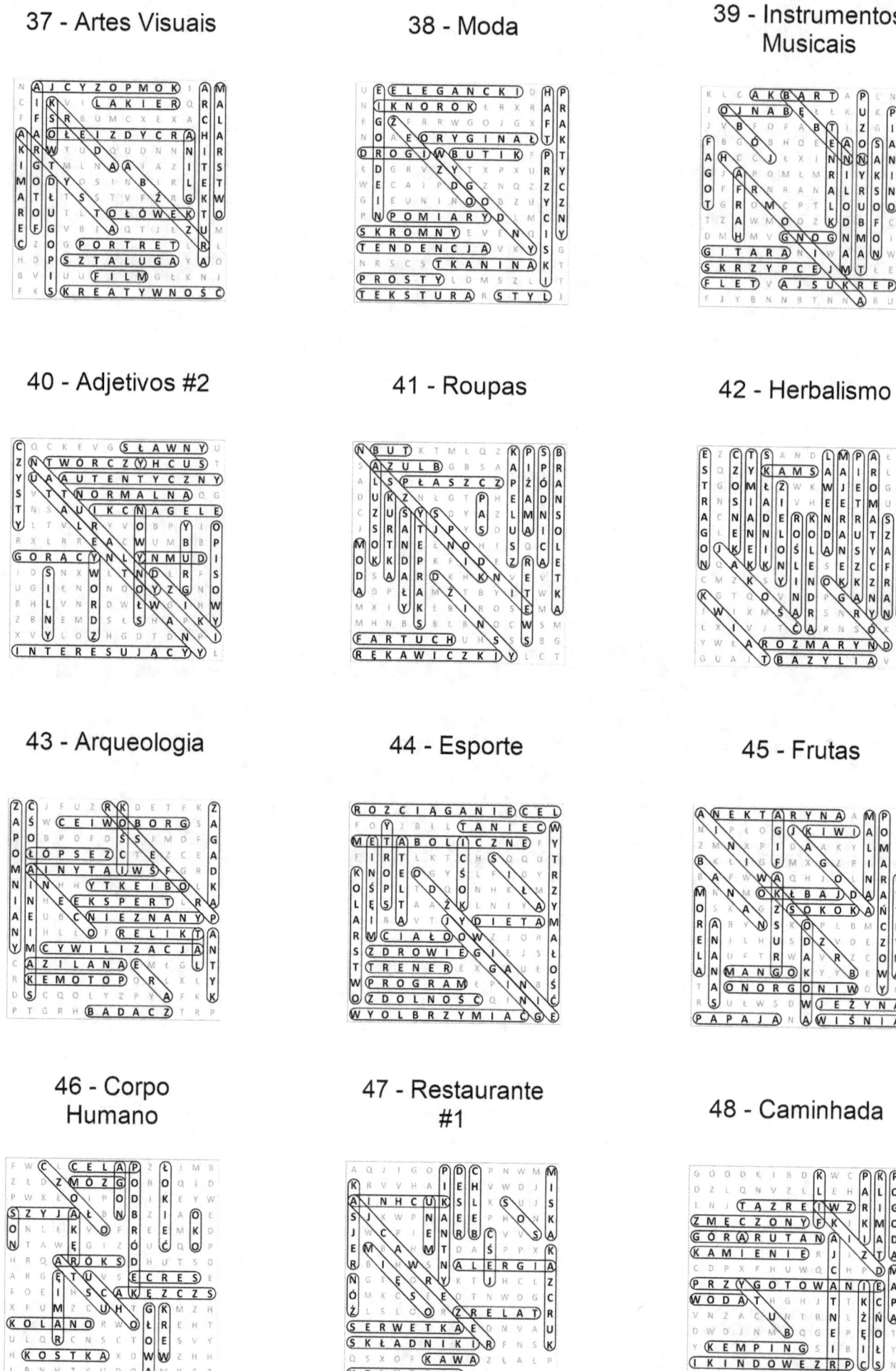

38 - Moda

39 - Instrumentos Musicais

40 - Adjetivos #2

41 - Roupas

42 - Herbalismo

43 - Arqueologia

44 - Esporte

45 - Frutas

46 - Corpo Humano

47 - Restaurante #1

48 - Caminhada

49 - Beleza

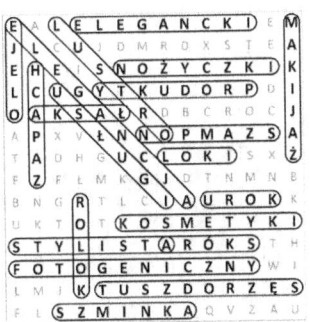

50 - Filantropia

51 - Ecologia

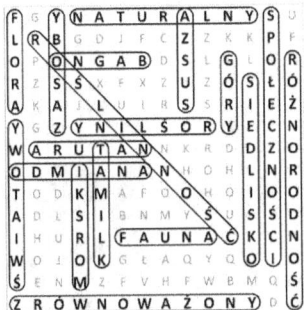

52 - Família

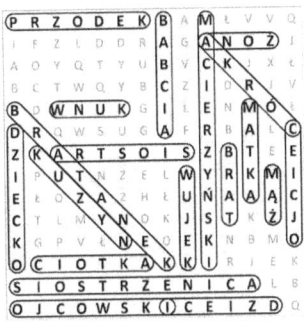

53 - Férias #2

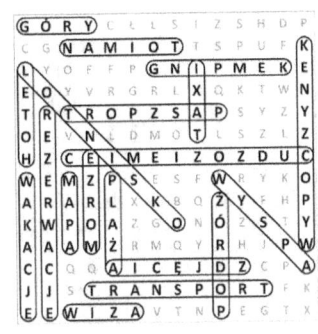

54 - Edifícios

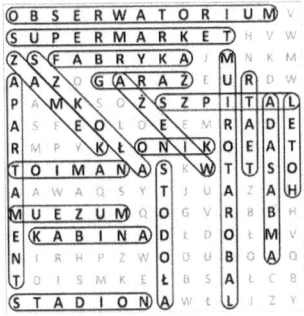

55 - Xadrez

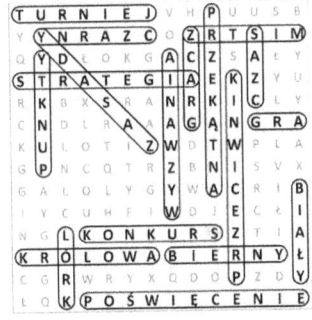

56 - Aventura

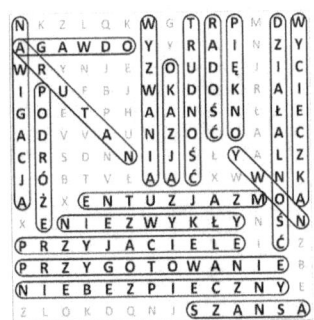

57 - Cidade

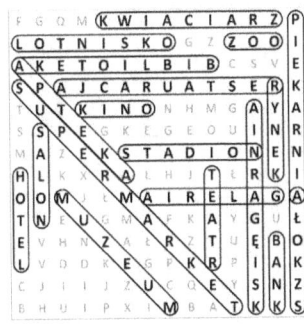

58 - Música

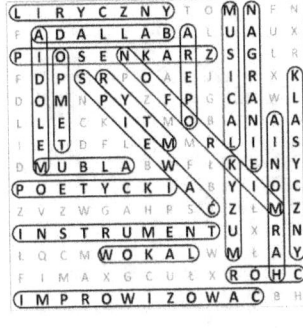

59 - Matemática

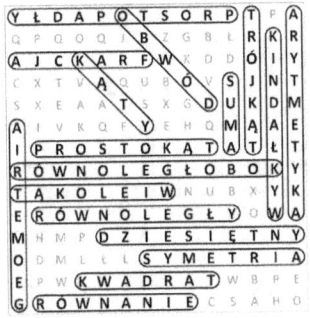

60 - Saúde e Bem Estar #1

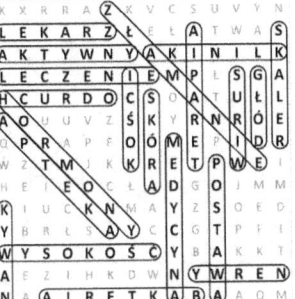

61 - Natureza

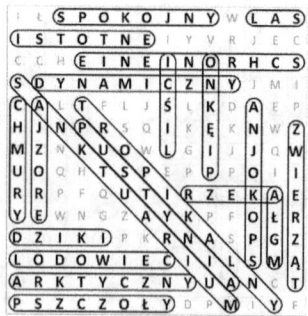

62 - A Empresa

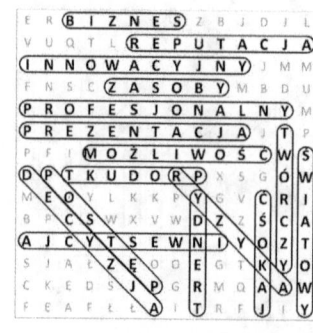

63 - Aviões

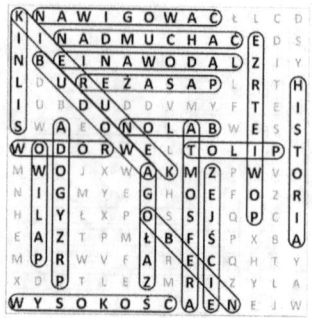

64 - Tipos de Cabelo

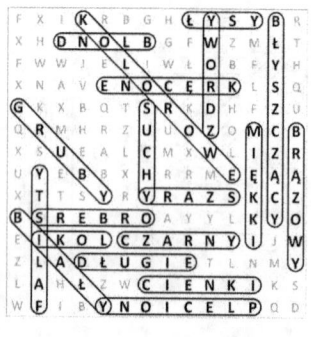

65 - Formas

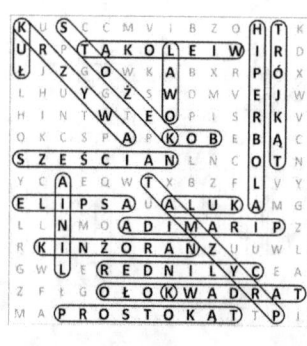

66 - Criatividade

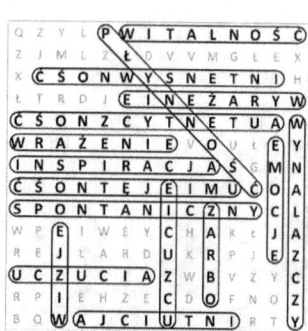

67 - Dias e Meses

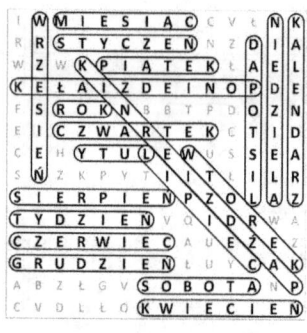

68 - Saúde e Bem Estar #2

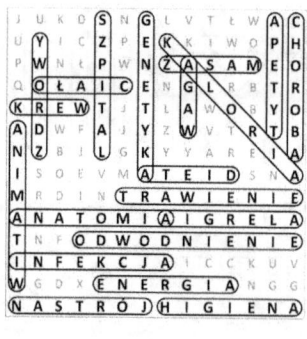

69 - Geografia

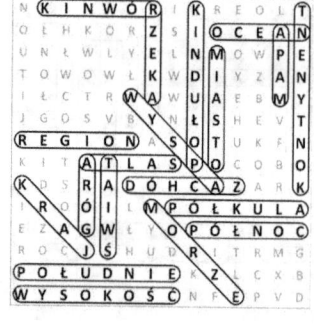

70 - Antártica

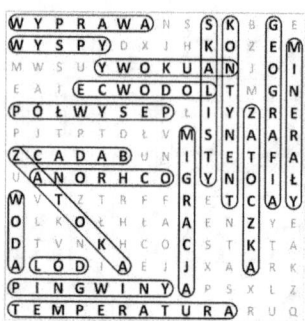

71 - Flores

72 - Fazenda #1

73 - Livros

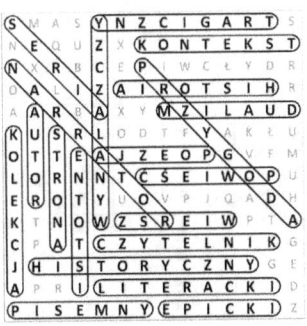

74 - Chocolate

75 - Governo

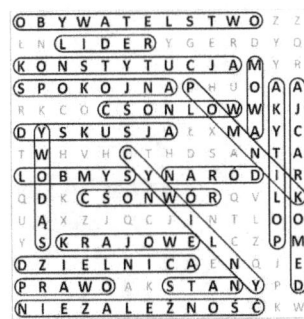

76 - Jardinagem

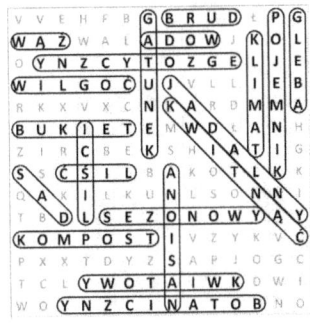

77 - Profissões #2

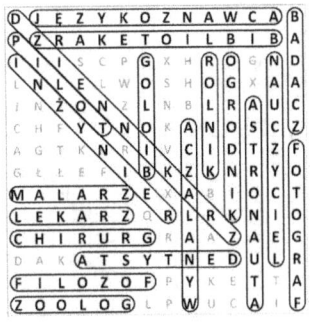

78 - Café

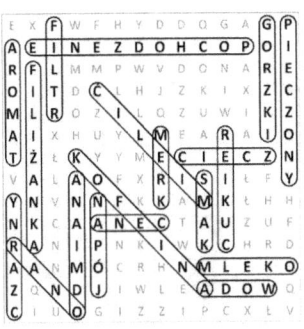

79 - Negócios

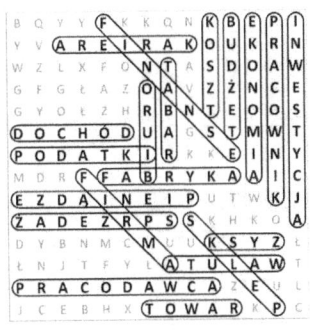

80 - Fazenda #2

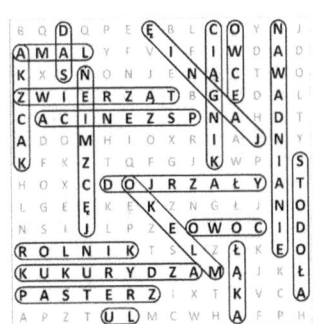

81 - Jardim

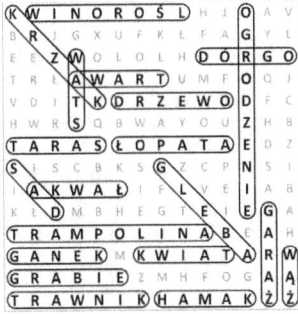

82 - Oceano

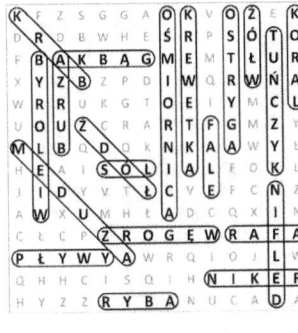

83 - Profissões #1

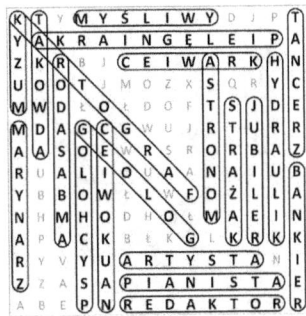

84 - Força e Gravidade

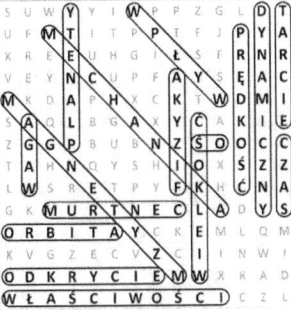

85 - Abelhas

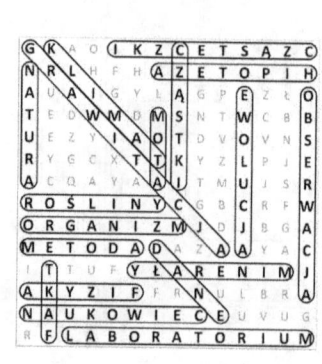

86 - Ciência

87 - Comida #1

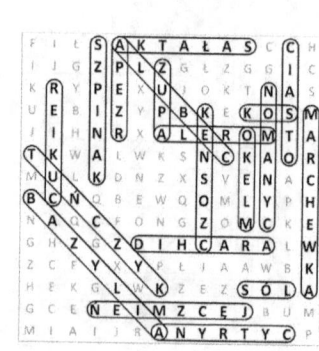

88 - Geometria

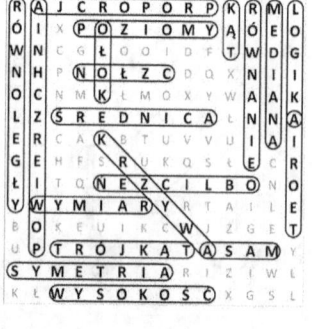

89 - Pássaros

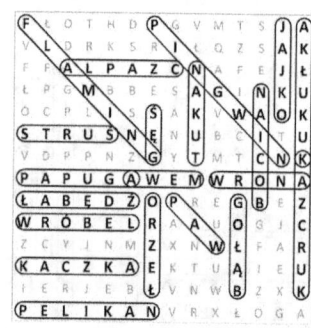

90 - Literatura

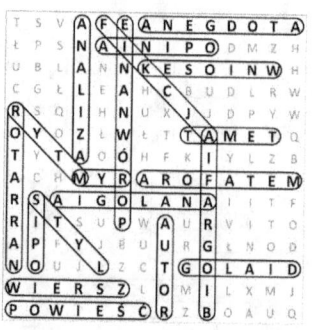

91 - Química

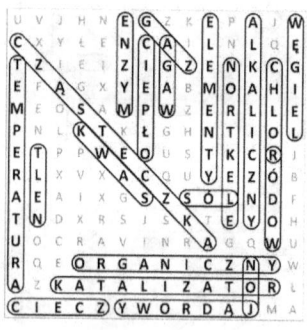

92 - Clima

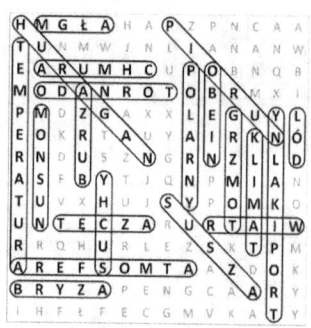

93 - Arte

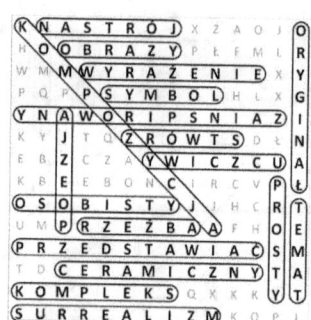

94 - Diplomacia

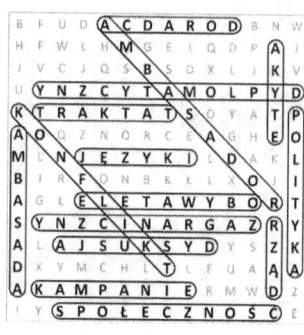

95 - Comida # 2

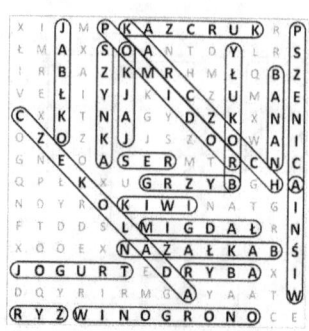

96 - Universo

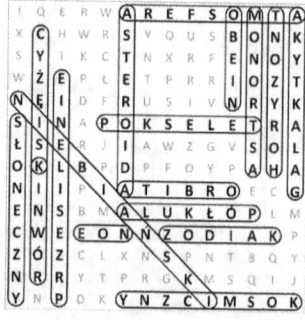

97 - Jazz

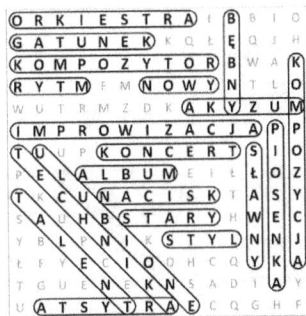

98 - Barcos

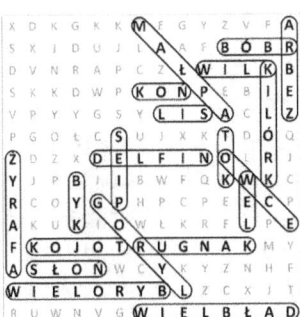

99 - Mamíferos

100 - Atividades e Lazer

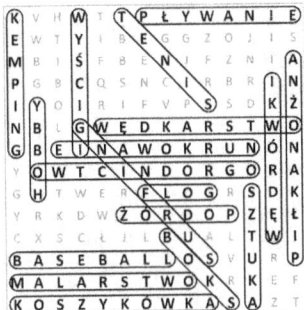

Dicionário

A Empresa
Przedsiębiorstwo

Apresentação	Prezentacja
Criativo	Twórczy
Decisão	Decyzja
Emprego	Zatrudnienie
Global	Światowy
Indústria	Przemysł
Inovador	Innowacyjny
Investimento	Inwestycja
Negócio	Biznes
Possibilidade	Możliwość
Produto	Produkt
Profissional	Profesjonalny
Progresso	Postęp
Qualidade	Jakość
Receita	Przychód
Recursos	Zasoby
Reputação	Reputacja
Riscos	Ryzyka
Tendências	Trendy
Unidades	Jednostki

A Mídia
Media

Atitudes	Postawy
Comercial	Komercyjne
Comunicação	Komunikacja
Digital	Cyfrowy
Edição	Wydanie
Educação	Edukacja
Fatos	Fakty
Financiamento	Finansowanie
Fotos	Zdjęcia
Individual	Indywidualne
Indústria	Przemysł
Intelectual	Intelektualny
Jornais	Gazety
Local	Lokalny
Online	Online
Opinião	Opinia
Público	Publiczny
Rádio	Radio
Rede	Sieć
Televisão	Telewizja

Abelhas
Pszczoły

Asas	Skrzydła
Benéfico	Korzystny
Cera	Wosk
Colmeia	Ul
Diversidade	Różnorodność
Ecossistema	Ekosystem
Enxame	Rój
Flor	Kwitnąć
Flores	Kwiaty
Fruta	Owoc
Fumaça	Dym
Habitat	Siedlisko
Inseto	Owad
Jardim	Ogród
Mel	Miód
Plantas	Rośliny
Pólen	Pyłek
Rainha	Królowa
Sol	Słońce

Acampamento
Kemping

Animais	Zwierząt
Aventura	Przygoda
Árvores	Drzewa
Bússola	Kompas
Cabine	Kabina
Caça	Polowanie
Canoa	Kajak
Chapéu	Kapelusz
Corda	Lina
Equipamento	Sprzęt
Floresta	Las
Fogo	Ogień
Inseto	Owad
Lago	Jezioro
Lua	Księżyc
Maca	Hamak
Mapa	Mapa
Montanha	Góra
Natureza	Natura
Tenda	Namiot

Adjetivos #1
Przymiotniki # 1

Absoluto	Absolutny
Aromático	Aromatyczny
Artístico	Artystyczny
Atraente	Atrakcyjny
Enorme	Ogromny
Escuro	Ciemny
Exótico	Egzotyczny
Fino	Cienki
Generoso	Hojny
Grande	Duży
Honesto	Uczciwy
Idêntico	Identyczny
Importante	Ważny
Lento	Powoli
Misterioso	Tajemniczy
Moderno	Nowoczesny
Perfeito	Doskonały
Pesado	Ciężki
Sério	Poważny
Valioso	Cenny

Adjetivos #2
Przymiotniki # 2

Autêntico	Autentyczny
Criativo	Twórczy
Descritivo	Opisowy
Dotado	Utalentowany
Elegante	Elegancki
Famoso	Sławny
Forte	Silny
Grosso	Gruby
Interessante	Interesujący
Natural	Naturalny
Normal	Normalna
Novo	Nowy
Orgulhoso	Dumny
Produtivo	Produktywny
Puro	Czysty
Quente	Gorący
Salgado	Słony
Saudável	Zdrowy
Seco	Suchy
Selvagem	Dziki

Antártica
Antarktyda

Ambiente	Środowisko
Água	Woda
Baía	Zatoka
Científico	Naukowy
Conservação	Ochrona
Continente	Kontynent
Enseada	Zatoczka
Expedição	Wyprawa
Geleiras	Lodowce
Gelo	Lód
Geografia	Geografia
Ilhas	Wyspy
Investigador	Badacz
Migração	Migracja
Minerais	Minerały
Península	Półwysep
Pinguins	Pingwiny
Rochoso	Skalisty
Temperatura	Temperatura
Topografia	Topografia

Antiguidades
Antyki

Arte	Sztuka
Autêntico	Autentyczny
Decorativo	Dekoracyjny
Décadas	Dekady
Elegante	Elegancki
Entusiasta	Entuzjasta
Escultura	Rzeźba
Estilo	Styl
Galeria	Galeria
Incomum	Niezwykły
Investimento	Inwestycja
Item	Pozycja
Leilão	Aukcja
Mobiliário	Meble
Moedas	Monety
Preço	Cena
Qualidade	Jakość
Século	Stulecie
Valor	Wartość
Velho	Stary

Arqueologia
Archeologia

Análise	Analiza
Anos	Lat
Antiguidade	Antyk
Avaliação	Ocena
Civilização	Cywilizacja
Descendente	Potomek
Desconhecido	Nieznany
Equipe	Zespół
Era	Era
Especialista	Ekspert
Esquecido	Zapomniany
Fóssil	Skamieniałość
Investigador	Badacz
Mistério	Zagadka
Objetos	Obiekty
Ossos	Kości
Professor	Profesor
Relíquia	Relikt
Templo	Świątynia
Túmulo	Grobowiec

Arte
Sztuka

Cerâmica	Ceramiczny
Complexo	Kompleks
Composição	Kompozycja
Criar	Stwórz
Escultura	Rzeźba
Expressão	Wyrażenie
Honesto	Uczciwy
Humor	Nastrój
Inspirado	Zainspirowany
Original	Oryginał
Pessoal	Osobisty
Pinturas	Obrazy
Poesia	Poezja
Retratar	Przedstawiać
Simples	Prosty
Símbolo	Symbol
Sujeito	Temat
Surrealismo	Surrealizm
Visual	Wizualny

Artes Visuais
Sztuki Wizualne

Argila	Glina
Arquitetura	Architektura
Artista	Artysta
Caneta	Długopis
Cavalete	Sztaluga
Cera	Wosk
Cerâmica	Ceramika
Composição	Kompozycja
Criatividade	Kreatywność
Escultura	Rzeźba
Filme	Film
Fotografia	Fotografia
Giz	Kreda
Lápis	Ołówek
Obra-Prima	Arcydzieło
Perspectiva	Perspektywa
Pintura	Malarstwo
Retrato	Portret
Verniz	Lakier

Astronomia
Astronomia

Asteróide	Asteroida
Astronauta	Astronauta
Astrônomo	Astronom
Céu	Niebo
Constelação	Konstelacja
Cosmos	Kosmos
Eclipse	Zaćmienie
Equinócio	Równonoc
Foguete	Rakieta
Galáxia	Galaktyka
Gravidade	Grawitacja
Lua	Księżyc
Meteoro	Meteor
Nebulosa	Mgławica
Observatório	Obserwatorium
Planeta	Planeta
Solar	Słoneczny
Supernova	Supernowa
Terra	Ziemia
Universo	Wszechświat

Atividades e Lazer
Aktywność i Wypoczynek

Acampamento	Kemping
Arte	Sztuka
Basquete	Koszykówka
Beisebol	Baseball
Boxe	Boks
Caminhada	Wędrówki
Corrida	Wyścigi
Futebol	Piłka Nożna
Golfe	Golf
Hobbies	Hobby
Jardinagem	Ogrodnictwo
Mergulho	Nurkowanie
Natação	Pływanie
Pesca	Wędkarstwo
Pintura	Malarstwo
Relaxante	Odprężający
Surfe	Surfing
Tênis	Tenis
Viagem	Podróż
Voleibol	Siatkówka

Aventura
Przygoda

Alegria	Radość
Amigos	Przyjaciele
Atividade	Działalność
Beleza	Piękno
Bravura	Odwaga
Chance	Szansa
Desafios	Wyzwania
Dificuldade	Trudność
Entusiasmo	Entuzjazm
Excursão	Wycieczka
Incomum	Niezwykły
Natureza	Natura
Navegação	Nawigacja
Novo	Nowy
Oportunidade	Okazja
Perigoso	Niebezpieczny
Preparação	Przygotowanie
Surpreendente	Zaskakujący
Viagens	Podróże

Aviões
Samoloty

Altura	Wysokość
Ar	Powietrze
Aterrissagem	Lądowanie
Atmosfera	Atmosfera
Aventura	Przygoda
Balão	Balon
Céu	Niebo
Combustível	Paliwo
Construção	Budowa
Descida	Zejście
Direção	Kierunek
Hidrogênio	Wodór
História	Historia
Inflar	Nadmuchać
Motor	Silnik
Navegar	Nawigować
Passageiro	Pasażer
Piloto	Pilot
Tripulação	Załoga
Turbulência	Turbulencja

Álgebra
Algebra

Diagrama	Diagram
Equação	Równanie
Expoente	Wykładnik
Falso	Fałszywe
Fator	Czynnik
Fórmula	Formuła
Fração	Frakcja
Infinito	Nieskończony
Linear	Liniowy
Matriz	Matryca
Número	Numer
Parêntese	Nawias
Problema	Problem
Quantidade	Ilość
Simplificar	Uprościć
Solução	Rozwiązanie
Soma	Suma
Subtração	Odejmowanie
Variável	Zmienna
Zero	Zero

Balé
Balet

Aplauso	Oklaski
Artístico	Artystyczny
Bailarina	Balerina
Compositor	Kompozytor
Coreografia	Choreografia
Dançarinos	Tancerze
Ensaio	Próba
Estilo	Styl
Expressivo	Wyrazisty
Gesto	Gest
Gracioso	Wdzięczny
Habilidade	Umiejętność
Intensidade	Intensywność
Música	Muzyka
Orquestra	Orkiestra
Prática	Ćwiczyć
Público	Publiczność
Ritmo	Rytm
Solo	Solo
Técnica	Technika

Barcos
Łodzie

Âncora	Kotwica
Balsa	Prom
Bóia	Boja
Caiaque	Kajak
Corda	Lina
Doca	Dok
Iate	Jacht
Jangada	Tratwa
Lago	Jezioro
Mar	Morze
Maré	Fala
Marinheiro	Marynarz
Mastro	Maszt
Motor	Silnik
Náutico	Nautyczny
Oceano	Ocean
Ondas	Fale
Rio	Rzeka
Tripulação	Załoga
Veleiro	Żaglówka

Beleza
Piękno

Batom	Szminka
Cachos	Loki
Charme	Urok
Cor	Kolor
Cosméticos	Kosmetyki
Elegante	Elegancki
Elegância	Elegancja
Espelho	Lustro
Estilista	Stylista
Fotogênico	Fotogeniczny
Fragrância	Zapach
Graça	Łaska
Maquiagem	Makijaż
Óleos	Oleje
Pele	Skóra
Produtos	Produkty
Rímel	Tusz do Rzęs
Serviços	Usługi
Tesoura	Nożyczki
Xampu	Szampon

Café
Kawa

Açúcar	Cukier
Amargo	Gorzki
Aroma	Aromat
Assado	Pieczony
Água	Woda
Bebida	Napój
Cafeína	Kofeina
Copa	Filiżanka
Creme	Krem
Filtro	Filtr
Leite	Mleko
Líquido	Ciecz
Manhã	Rano
Moer	Mielić
Origem	Pochodzenie
Preço	Cena
Preto	Czarny
Sabor	Smak
Variedade	Odmiana

Caminhada
Turystyka Piesza

Acampamento	Kemping
Animais	Zwierząt
Água	Woda
Botas	Buty
Cansado	Zmęczony
Clima	Klimat
Guias	Przewodniki
Mapa	Mapa
Montanha	Góra
Natureza	Natura
Orientação	Orientacja
Parques	Parki
Pedras	Kamienie
Penhasco	Klif
Perigos	Zagrożenia
Pesado	Ciężki
Preparação	Przygotowanie
Selvagem	Dziki
Sol	Słońce
Tempo	Pogoda

Casa
Dom

Biblioteca	Biblioteka
Cerca	Ogrodzenie
Chaves	Klucze
Chuveiro	Prysznic
Cortinas	Zasłony
Cozinha	Kuchnia
Espelho	Lustro
Garagem	Garaż
Janela	Okno
Jardim	Ogród
Lareira	Kominek
Mobiliário	Meble
Parede	Ściana
Porta	Drzwi
Quarto	Pokój
Sótão	Strych
Tapete	Dywan
Teto	Sufit
Torneira	Kran
Vassoura	Miotła

Chocolate
Czekolada

Açúcar	Cukier
Amargo	Gorzki
Antioxidante	Antyoksydant
Aroma	Aromat
Cacau	Kakao
Calorias	Kalorie
Caramelo	Karmel
Coco	Kokos
Comer	Jeść
Delicioso	Pyszny
Doce	Słodkie
Exótico	Egzotyczny
Favorito	Ulubiony
Gosto	Smak
Ingrediente	Składnik
Pó	Proszek
Qualidade	Jakość
Receita	Przepis

Churrascos
Grillowanie

Cebolas	Cebule
Convite	Zaproszenie
Crianças	Dzieci
Facas	Noże
Família	Rodzina
Fome	Głód
Frango	Kurczak
Fruta	Owoc
Grelha	Grill
Jantar	Obiad
Jogos	Gry
Legumes	Warzywa
Molho	Sos
Música	Muzyka
Pimenta	Pieprz
Quente	Gorący
Sal	Sól
Saladas	Sałatki
Tomates	Pomidory
Verão	Lato

Cidade
Miasto

Aeroporto	Lotnisko
Banco	Bank
Biblioteca	Biblioteka
Cinema	Kino
Escola	Szkoła
Estádio	Stadion
Farmácia	Apteka
Florista	Kwiaciarz
Galeria	Galeria
Hotel	Hotel
Jardim Zoológico	Zoo
Livraria	Księgarnia
Mercado	Rynek
Museu	Muzeum
Padaria	Piekarnia
Restaurante	Restauracja
Salão	Salon
Supermercado	Supermarket
Teatro	Teatr
Universidade	Uniwersytet

Ciência
Nauki Ścisłe

Átomo	Atom
Cientista	Naukowiec
Clima	Klimat
Dados	Dane
Evolução	Ewolucja
Fato	Fakt
Física	Fizyka
Fóssil	Skamieniałość
Gravidade	Grawitacja
Hipótese	Hipoteza
Laboratório	Laboratorium
Método	Metoda
Minerais	Minerały
Moléculas	Cząsteczki
Natureza	Natura
Observação	Obserwacja
Organismo	Organizm
Partículas	Cząstki
Plantas	Rośliny
Químico	Chemiczny

Circo
Cyrk

Acrobata	Akrobata
Animais	Zwierząt
Balões	Balony
Bilhete	Bilet
Desfile	Parada
Doce	Cukierek
Elefante	Słoń
Espectador	Widz
Espetacular	Spektakularny
Leão	Lew
Macaco	Małpa
Magia	Magia
Malabarista	Żongler
Mágico	Magik
Música	Muzyka
Palhaço	Klaun
Tenda	Namiot
Tigre	Tygrys
Traje	Kostium
Truque	Sztuczka

Clima
Pogoda

Arco-Íris	Tęcza
Atmosfera	Atmosfera
Brisa	Bryza
Céu	Niebo
Clima	Klimat
Furacão	Huragan
Gelo	Lód
Monção	Monsun
Nevoeiro	Mgła
Nuvem	Chmura
Polar	Polarny
Relâmpago	Piorun
Seca	Susza
Seco	Suchy
Temperatura	Temperatura
Tempestade	Burza
Tornado	Tornado
Tropical	Tropikalny
Trovão	Grzmot
Vento	Wiatr

Comida # 2
Jedzenie # 2

Alcachofra	Karczoch
Amêndoa	Migdał
Arroz	Ryż
Banana	Banan
Beringela	Bakłażan
Brócolis	Brokuły
Cereja	Wiśnia
Chocolate	Czekolada
Cogumelo	Grzyb
Frango	Kurczak
Iogurte	Jogurt
Kiwi	Kiwi
Maçã	Jabłko
Ovo	Jajko
Peixe	Ryba
Presunto	Szynka
Queijo	Ser
Tomate	Pomidor
Trigo	Pszenica
Uva	Winogrono

Comida #1
Jedzenie # 1

Açúcar	Cukier
Alho	Czosnek
Amendoim	Arachid
Atum	Tuńczyk
Bolo	Ciasto
Canela	Cynamon
Cebola	Cebula
Cenoura	Marchewka
Cevada	Jęczmień
Damasco	Morela
Espinafre	Szpinak
Leite	Mleko
Limão	Cytryna
Manjericão	Bazylia
Morango	Truskawka
Nabo	Rzepa
Sal	Sól
Salada	Sałatka
Sopa	Zupa
Suco	Sok

Corpo Humano
Ciało Ludzkie

Boca	Usta
Cabeça	Głowa
Cérebro	Mózg
Coração	Serce
Cotovelo	Łokieć
Dedo	Palec
Joelho	Kolano
Mandíbula	Szczęka
Mão	Ręka
Nariz	Nos
Olho	Oko
Ombro	Ramię
Orelha	Ucho
Pele	Skóra
Perna	Noga
Pescoço	Szyja
Queixo	Podbródek
Sangue	Krew
Testa	Czoło
Tornozelo	Kostka

Cozinha
Kuchnia

Avental	Fartuch
Chaleira	Czajnik
Colheres	Łyżki
Comer	Jeść
Concha	Chochla
Cups	Kubki
Especiarias	Przyprawy
Esponja	Gąbka
Facas	Noże
Forno	Piekarnik
Freezer	Zamrażarka
Garfos	Widelce
Geladeira	Lodówka
Grelha	Grill
Guardanapo	Serwetka
Jar	Słoik
Jarro	Dzbanek
Pauzinhos	Pałeczki
Receita	Przepis
Tigela	Miska

Criatividade
Kreatywność

Artístico	Artystyczny
Autenticidade	Autentyczność
Clareza	Przejrzystość
Dramático	Dramatyczny
Emoções	Emocje
Espontânea	Spontaniczny
Expressão	Wyrażenie
Fluidez	Płynność
Habilidade	Umiejętność
Imagem	Obraz
Imaginação	Wyobraźnia
Impressão	Wrażenie
Inspiração	Inspiracja
Intensidade	Intensywność
Intuição	Intuicja
Inventivo	Wynalazczy
Sensação	Uczucie
Sentimentos	Uczucia
Visões	Wizje
Vitalidade	Witalność

Dança
Taniec

Academia	Akademia
Alegre	Radosny
Arte	Sztuka
Clássico	Klasyczny
Coreografia	Choreografia
Corpo	Ciało
Cultura	Kultura
Cultural	Kulturalny
Emoção	Emocja
Ensaio	Próba
Expressivo	Wyrazisty
Graça	Łaska
Movimento	Ruch
Música	Muzyka
Parceiro	Partner
Postura	Postawa
Ritmo	Rytm
Saltar	Skok
Tradicional	Tradycyjny
Visual	Wizualny

Dias e Meses
Dni i Miesiące

Abril	Kwiecień
Agosto	Sierpień
Ano	Rok
Calendário	Kalendarz
Dezembro	Grudzień
Domingo	Niedziela
Fevereiro	Luty
Janeiro	Styczeń
Julho	Lipiec
Junho	Czerwiec
Mês	Miesiąc
Novembro	Listopad
Outubro	Październik
Quinta-Feira	Czwartek
Sábado	Sobota
Segunda-Feira	Poniedziałek
Semana	Tydzień
Setembro	Wrzesień
Sexta-Feira	Piątek
Terça	Wtorek

Diplomacia
Dyplomacja

Campanhas	Kampanie
Cidadãos	Obywatele
Comunidade	Społeczność
Conflito	Konflikt
Consultor	Doradca
Cooperação	Współpraca
Diplomático	Dyplomatyczny
Discussão	Dyskusja
Embaixada	Ambasada
Embaixador	Ambasador
Estrangeiro	Zagraniczny
Ética	Etyka
Governo	Rząd
Humanitário	Humanitarny
Integridade	Uczciwość
Línguas	Języki
Política	Polityka
Resolução	Rezolucja
Solução	Rozwiązanie
Tratado	Traktat

Dirigindo
Prowadzenie Pojazdów

Acidente	Wypadek
Caminhão	Ciężarówka
Carro	Samochód
Combustível	Paliwo
Cuidado	Ostrożność
Estrada	Droga
Freios	Hamulce
Garagem	Garaż
Gás	Gaz
Licença	Licencja
Mapa	Mapa
Motocicleta	Motocykl
Motor	Silnik
Pedestre	Pieszy
Polícia	Policja
Rua	Ulica
Seguro	Ubezpieczenie
Transporte	Transport
Tráfego	Ruch Drogowy
Túnel	Tunel

Disciplinas Científicas
Dyscypliny Naukowe

Anatomia	Anatomia
Arqueologia	Archeologia
Astronomia	Astronomia
Biologia	Biologia
Bioquímica	Biochemia
Botânica	Botanika
Cinesiologia	Kinezjologia
Ecologia	Ekologia
Fisiologia	Fizjologia
Geologia	Geologia
Imunologia	Immunologia
Mecânica	Mechanika
Meteorologia	Meteorologia
Mineralogia	Mineralogia
Neurologia	Neurologia
Psicologia	Psychologia
Química	Chemia
Sociologia	Socjologia
Termodinâmica	Termodynamika
Zoologia	Zoologia

Ecologia
Ekologia

Clima	Klimat
Comunidades	Społeczności
Diversidade	Różnorodność
Fauna	Fauna
Flora	Flora
Global	Światowy
Habitat	Siedlisko
Marinho	Morski
Montanhas	Góry
Natural	Naturalny
Natureza	Natura
Pântano	Bagno
Plantas	Rośliny
Recursos	Zasoby
Seca	Susza
Sobrevivência	Przetrwanie
Sustentável	Zrównoważony
Variedade	Odmiana
Vegetação	Roślinność
Voluntários	Wolontariusze

Edifícios
Budynek

Apartamento	Apartament
Cabine	Kabina
Castelo	Zamek
Celeiro	Stodoła
Cinema	Kino
Embaixada	Ambasada
Escola	Szkoła
Estádio	Stadion
Fábrica	Fabryka
Garagem	Garaż
Hospital	Szpital
Hotel	Hotel
Laboratório	Laboratorium
Museu	Muzeum
Observatório	Obserwatorium
Supermercado	Supermarket
Teatro	Teatr
Tenda	Namiot
Torre	Wieża
Universidade	Uniwersytet

Energia
Energia

Ambiente	Środowisko
Bateria	Bateria
Calor	Ciepło
Carbono	Węgiel
Combustível	Paliwo
Diesel	Diesel
Elétrico	Elektryczny
Elétron	Elektron
Entropia	Entropia
Fóton	Foton
Gasolina	Benzyna
Hidrogênio	Wodór
Indústria	Przemysł
Motor	Silnik
Nuclear	Jądrowy
Renovável	Odnawialne
Sol	Słońce
Turbina	Turbina
Vapor	Parowy
Vento	Wiatr

Engenharia
Inżynieria

Atrito	Tarcie
Ângulo	Kąt
Cálculo	Obliczeń
Construção	Budowa
Diagrama	Diagram
Diâmetro	Średnica
Diesel	Diesel
Dimensões	Wymiary
Distribuição	Dystrybucja
Eixo	Oś
Energia	Energia
Estabilidade	Stabilność
Estrutura	Struktura
Força	Siła
Líquido	Ciecz
Máquina	Maszyna
Medição	Pomiar
Motor	Silnik
Profundidade	Głębokość
Propulsão	Napęd

Especiarias
Przyprawy

Açafrão	Szafran
Alcaçuz	Lukrecja
Alho	Czosnek
Amargo	Gorzki
Anis	Anyż
Azedo	Kwaśny
Baunilha	Wanilia
Canela	Cynamon
Cardamomo	Kardamon
Caril	Curry
Cebola	Cebula
Coentro	Kolendra
Cominho	Kminek
Cravo	Goździk
Doce	Słodkie
Funcho	Koper Włoski
Gengibre	Imbir
Pimenta	Pieprz
Sabor	Smak
Sal	Sól

Esporte
Sport

Alongamento	Rozciąganie
Atleta	Atleta
Capacidade	Zdolność
Ciclismo	Kolarstwo
Corpo	Ciało
Dançando	Taniec
Dieta	Dieta
Esportes	Sporty
Força	Siła
Jogging	Jogging
Maximizar	Wyolbrzymiać
Metabólico	Metaboliczne
Músculos	Mięśnie
Nutrição	Odżywianie
Objetivo	Cel
Ossos	Kości
Programa	Program
Resistência	Wytrzymałość
Saúde	Zdrowie
Treinador	Trener

Ética
Etyka

Altruísmo	Altruizm
Benevolente	Życzliwy
Bondade	Życzliwość
Compaixão	Współczucie
Cooperação	Współpraca
Dignidade	Godność
Diplomático	Dyplomatyczny
Filosofia	Filozofia
Humanidade	Ludzkość
Individualismo	Indywidualizm
Integridade	Uczciwość
Otimismo	Optymizm
Paciência	Cierpliwość
Racionalidade	Racjonalność
Razoável	Rozsądny
Realismo	Realizm
Sabedoria	Mądrość
Tolerância	Tolerancja
Valores	Wartości

Família
Rodzina

Antepassado	Przodek
Avó	Babcia
Criança	Dziecko
Crianças	Dzieci
Esposa	Żona
Filha	Córka
Infância	Dzieciństwo
Irmã	Siostra
Irmão	Brat
Marido	Mąż
Materno	Macierzyński
Mãe	Matka
Neto	Wnuk
Pai	Ojciec
Paterno	Ojcowski
Primo	Kuzyn
Sobrinha	Siostrzenica
Sobrinho	Bratanek
Tia	Ciotka
Tio	Wujek

Fazenda #1
Gospodarstwo #1

Abelha	Pszczoła
Agricultura	Rolnictwo
Arroz	Ryż
Água	Woda
Bezerro	Cielę
Burro	Osioł
Cabra	Koza
Campo	Pole
Cavalo	Koń
Cão	Pies
Cerca	Ogrodzenie
Corvo	Wrona
Feno	Siano
Fertilizante	Nawóz
Frango	Kurczak
Gato	Kot
Mel	Miód
Porco	Świnia
Rebanho	Stado
Vaca	Krowa

Fazenda #2
Gospodarstwo #2

Agricultor	Rolnik
Animais	Zwierząt
Celeiro	Stodoła
Cevada	Jęczmień
Colmeia	Ul
Cordeiro	Jagnię
Fruta	Owoc
Irrigação	Nawadnianie
Leite	Mleko
Lhama	Lama
Maduro	Dojrzały
Milho	Kukurydza
Ovelha	Owce
Pastor	Pasterz
Pato	Kaczka
Pomar	Sad
Prado	Łąka
Trator	Ciągnik
Trigo	Pszenica
Vegetal	Warzywo

Férias #2
Wakacje # 2

Acampamento	Kemping
Aeroporto	Lotnisko
Estrangeiro	Cudzoziemiec
Feriado	Wakacje
Fotos	Zdjęcia
Hotel	Hotel
Ilha	Wyspa
Lazer	Wypoczynek
Mapa	Mapa
Mar	Morze
Montanhas	Góry
Passaporte	Paszport
Praia	Plaża
Reservas	Rezerwacje
Restaurante	Restauracja
Táxi	Taxi
Tenda	Namiot
Transporte	Transport
Viagem	Podróż
Visto	Wiza

Ficção Científica
Fantastyka Naukowa

Atómico	Atomowy
Cinema	Kino
Distopia	Dystopia
Explosão	Wybuch
Extremo	Skrajny
Fantástico	Fantastyczny
Fogo	Ogień
Futurista	Futurystyczny
Galáxia	Galaktyka
Ilusão	Iluzja
Imaginário	Wyimaginowany
Livros	Książki
Misterioso	Tajemniczy
Mundo	Świat
Oráculo	Wyrocznia
Planeta	Planeta
Realista	Realistyczny
Robôs	Roboty
Tecnologia	Technologia
Utopia	Utopia

Filantropia
Filantropia

Caridade	Dobroczynność
Comunidade	Społeczność
Contatos	Łączność
Crianças	Dzieci
Desafios	Wyzwania
Finança	Finanse
Fundos	Fundusze
Generosidade	Hojność
Global	Światowy
Grupos	Grupy
História	Historia
Honestidade	Uczciwość
Humanidade	Ludzkość
Juventude	Młodzież
Missão	Misja
Necessidade	Potrzeba
Objetivos	Cele
Pessoas	Ludzie
Programas	Programy
Público	Publiczny

Física
Fizyka

Átomo	Atom
Caos	Chaos
Densidade	Gęstość
Elétron	Elektron
Expansão	Ekspansja
Fórmula	Formuła
Frequência	Częstotliwość
Gás	Gaz
Gravidade	Grawitacja
Magnetismo	Magnetyzm
Massa	Masa
Mecânica	Mechanika
Molécula	Cząsteczka
Motor	Silnik
Nuclear	Jądrowy
Partícula	Cząstka
Químico	Chemiczny
Relatividade	Względność
Universal	Uniwersalny
Velocidade	Prędkość

Flores
Kwiaty

Buquê	Bukiet
Gardênia	Gardenia
Girassol	Słonecznik
Hibisco	Hibiskus
Jasmim	Jaśmin
Lavanda	Lawenda
Lilás	Liliowy
Lírio	Lilia
Magnólia	Magnolia
Margarida	Stokrotka
Narciso	Żonkil
Orquídea	Orchidea
Papoula	Mak
Peônia	Piwonia
Pétala	Płatek
Plumeria	Plumeria
Rosa	Róża
Trevo	Koniczyna
Tulipa	Tulipan

Força e Gravidade
Siła i Grawitacja

Atrito	Tarcie
Centro	Centrum
Descoberta	Odkrycie
Dinâmico	Dynamiczny
Distância	Odległość
Eixo	Oś
Expansão	Ekspansja
Física	Fizyka
Impacto	Wpływ
Magnetismo	Magnetyzm
Magnitude	Wielkość
Mecânica	Mechanika
Órbita	Orbita
Peso	Waga
Planetas	Planety
Pressão	Ciśnienie
Propriedades	Właściwości
Rapidez	Prędkość
Tempo	Czas
Universal	Uniwersalny

Formas
Kształty

Arco	Łuk
Canto	Narożnik
Cilindro	Cylinder
Círculo	Koło
Cone	Stożek
Cubo	Sześcian
Curva	Krzywa
Elipse	Elipsa
Esfera	Kula
Hipérbole	Hiperbola
Lado	Bok
Linha	Linia
Oval	Owal
Pirâmide	Piramida
Polígono	Wielokąt
Prisma	Pryzmat
Quadrado	Kwadrat
Retângulo	Prostokąt
Triângulo	Trójkąt

Frutas
Owoce

Abacate	Awokado
Abacaxi	Ananas
Amora	Jeżyna
Baga	Jagoda
Banana	Banan
Cereja	Wiśnia
Coco	Kokos
Damasco	Morela
Figo	Figa
Framboesa	Malina
Kiwi	Kiwi
Laranja	Pomarańczowy
Limão	Cytryna
Maçã	Jabłko
Mamão	Papaja
Manga	Mango
Nectarina	Nektaryna
Pera	Gruszka
Pêssego	Brzoskwinia
Uva	Winogrono

Geografia
Geografia

Altitude	Wysokość
Atlas	Atlas
Cidade	Miasto
Continente	Kontynent
Equador	Równik
Hemisfério	Półkula
Ilha	Wyspa
Mapa	Mapa
Mar	Morze
Meridiano	Południk
Montanha	Góra
Mundo	Świat
Norte	Północ
Oceano	Ocean
Oeste	Zachód
País	Kraj
Região	Region
Rio	Rzeka
Sul	Południe
Território	Terytorium

Geologia
Geologia

Ácido	Kwas
Camada	Warstwa
Caverna	Grota
Cálcio	Wapń
Ciclos	Cykle
Continente	Kontynent
Coral	Koral
Cristais	Kryształy
Erosão	Erozja
Estalactite	Stalaktyt
Estalagmites	Stalagmity
Fóssil	Skamieniałość
Lava	Lawa
Minerais	Minerały
Pedra	Kamień
Platô	Płaskowyż
Quartzo	Kwarc
Sal	Sól
Vulcão	Wulkan
Zona	Strefa

Geometria
Geometria

Altura	Wysokość
Ângulo	Kąt
Cálculo	Obliczeń
Círculo	Koło
Curva	Krzywa
Diâmetro	Średnica
Dimensão	Wymiar
Equação	Równanie
Horizontal	Poziomy
Lógica	Logika
Massa	Masa
Mediana	Mediana
Paralelo	Równoległy
Proporção	Proporcja
Segmento	Człon
Simetria	Symetria
Superfície	Powierzchnia
Teoria	Teoria
Triângulo	Trójkąt
Vertical	Pionowy

Governo
Rząd

Cidadania	Obywatelstwo
Civil	Cywilny
Constituição	Konstytucja
Democracia	Demokracja
Discurso	Mowa
Discussão	Dyskusja
Distrito	Dzielnica
Estado	Stan
Igualdade	Równość
Independência	Niezależność
Judicial	Sądowy
Lei	Prawo
Liberdade	Wolność
Líder	Lider
Monumento	Pomnik
Nacional	Krajowe
Nação	Naród
Pacífico	Spokojna
Política	Polityka
Símbolo	Symbol

Herbalismo
Zielarstwo

Açafrão	Szafran
Alecrim	Rozmaryn
Alho	Czosnek
Aromático	Aromatyczny
Benéfico	Korzystny
Coentro	Kolendra
Estragão	Estragon
Flor	Kwiat
Funcho	Koper Włoski
Ingrediente	Składnik
Jardim	Ogród
Lavanda	Lawenda
Manjericão	Bazylia
Manjerona	Majeranek
Planta	Roślina
Qualidade	Jakość
Sabor	Smak
Salsa	Pietruszka
Tomilho	Tymianek
Verde	Zielony

Instrumentos Musicais
Instrumenty Muzyczne

Bandolim	Mandolina
Banjo	Banjo
Clarinete	Klarnet
Fagote	Fagot
Flauta	Flet
Gaita	Harmonijka
Gongo	Gong
Harpa	Harfa
Marimba	Marimba
Oboé	Obój
Pandeiro	Tamburyn
Percussão	Perkusja
Piano	Pianino
Saxofone	Saksofon
Tambor	Bęben
Trombone	Puzon
Trompete	Trąbka
Violão	Gitara
Violino	Skrzypce
Violoncelo	Wiolonczela

Jardim
Ogród

Ancinho	Grabie
Arbusto	Krzak
Árvore	Drzewo
Banco	Ławka
Cerca	Ogrodzenie
Flor	Kwiat
Garagem	Garaż
Grama	Trawa
Gramado	Trawnik
Jardim	Ogród
Lagoa	Staw
Maca	Hamak
Mangueira	Wąż
Pá	Łopata
Pomar	Sad
Solo	Gleba
Terraço	Taras
Trampolim	Trampolina
Varanda	Ganek
Videira	Winorośl

Jardinagem
Prace Ogrodowe

Água	Woda
Botânico	Botaniczny
Buquê	Bukiet
Clima	Klimat
Comestível	Jadalny
Composto	Kompost
Espécies	Gatunek
Exótico	Egzotyczny
Flor	Kwitnąć
Floral	Kwiatowy
Folha	Liść
Folhagem	Liści
Mangueira	Wąż
Pomar	Sad
Recipiente	Pojemnik
Sazonal	Sezonowy
Sementes	Nasiona
Solo	Gleba
Sujeira	Brud
Umidade	Wilgoć

Jazz
Jazz

Artista	Artysta
Álbum	Album
Bateria	Bębny
Canção	Piosenka
Composição	Kompozycja
Compositor	Kompozytor
Concerto	Koncert
Estilo	Styl
Ênfase	Nacisk
Famoso	Sławny
Favoritos	Ulubione
Gênero	Gatunek
Improvisação	Improwizacja
Música	Muzyka
Novo	Nowy
Orquestra	Orkiestra
Ritmo	Rytm
Talento	Talent
Técnica	Technika
Velho	Stary

Literatura
Literatura

Analogia	Analogia
Análise	Analiza
Anedota	Anegdota
Autor	Autor
Biografia	Biografia
Comparação	Porównanie
Conclusão	Wniosek
Descrição	Opis
Diálogo	Dialog
Estilo	Styl
Ficção	Fikcja
Metáfora	Metafora
Narrador	Narrator
Opinião	Opinia
Poema	Wiersz
Rima	Rym
Ritmo	Rytm
Romance	Powieść
Tema	Temat
Tragédia	Tragedia

Livros
Książki

Autor	Autor
Aventura	Przygoda
Coleção	Kolekcja
Contexto	Kontekst
Dualidade	Dualizm
Escrito	Pisemny
Épico	Epicki
História	Historia
Histórico	Historyczny
Inventivo	Wynalazczy
Leitor	Czytelnik
Literário	Literacki
Narrador	Narrator
Página	Strona
Poema	Wiersz
Poesia	Poezja
Relevante	Istotne
Romance	Powieść
Série	Seria
Trágico	Tragiczny

Mamíferos
Ssaki

Baleia	Wieloryb
Camelo	Wielbłąd
Canguru	Kangur
Castor	Bóbr
Cavalo	Koń
Cão	Pies
Coelho	Królik
Coiote	Kojot
Elefante	Słoń
Gato	Kot
Girafa	Żyrafa
Golfinho	Delfin
Gorila	Goryl
Leão	Lew
Lobo	Wilk
Macaco	Małpa
Ovelha	Owce
Raposa	Lis
Touro	Byk
Zebra	Zebra

Matemática
Matematyka

Aritmética	Arytmetyka
Ângulos	Kąty
Circunferência	Obwód
Decimal	Dziesiętny
Diâmetro	Średnica
Equação	Równanie
Expoente	Wykładnik
Fração	Frakcja
Geometria	Geometria
Paralelo	Równoległy
Paralelogramo	Równoległobok
Perpendicular	Prostopadły
Polígono	Wielokąt
Quadrado	Kwadrat
Raio	Promień
Retângulo	Prostokąt
Simetria	Symetria
Soma	Suma
Triângulo	Trójkąt
Volume	Objętość

Material de Arte
Materiały Artystyczne

Acrílico	Akryl
Apagador	Gumka
Aquarelas	Akwarele
Argila	Glina
Água	Woda
Cadeira	Krzesło
Cavalete	Sztaluga
Câmera	Kamera
Cola	Klej
Cores	Kolory
Criatividade	Kreatywność
Escovas	Pędzle
Lápis	Ołówki
Mesa	Stół
Óleo	Olej
Papel	Papier
Pastels	Pastele
Tinta	Atrament
Tintas	Farby

Medições
Pomiary

Altura	Wysokość
Byte	Bajt
Centímetro	Centymetr
Comprimento	Długość
Decimal	Dziesiętny
Grama	Gram
Grau	Stopień
Largura	Szerokość
Litro	Litr
Massa	Masa
Metro	Metr
Minuto	Minuta
Onça	Uncja
Peso	Waga
Polegada	Cal
Profundidade	Głębokość
Quilograma	Kilogram
Quilômetro	Kilometr
Tonelada	Tona
Volume	Objętość

Meditação
Medytacja

Aceitação	Przyjęcie
Acordado	Obudzić
Atenção	Uwaga
Bondade	Życzliwość
Clareza	Przejrzystość
Compaixão	Współczucie
Emoções	Emocje
Ensinamentos	Nauki
Gratidão	Wdzięczność
Mental	Psychiczny
Mente	Umysł
Movimento	Ruch
Música	Muzyka
Natureza	Natura
Observação	Obserwacja
Paz	Pokój
Pensamentos	Myśli
Perspectiva	Perspektywa
Postura	Postawa
Silêncio	Cisza

Mitologia
Mitologia

Arquétipo	Archetyp
Ciúmes	Zazdrość
Comportamento	Zachowanie
Crenças	Wierzenia
Criação	Kreacja
Criatura	Stworzenie
Cultura	Kultura
Desastre	Katastrofa
Força	Siła
Guerreiro	Wojownik
Heroína	Bohaterka
Herói	Bohater
Labirinto	Labirynt
Lenda	Legenda
Mágico	Magiczny
Monstro	Potwór
Mortal	Śmiertelny
Relâmpago	Piorun
Trovão	Grzmot
Vingança	Zemsta

Moda
Moda

Acessível	Niedrogie
Bordado	Haft
Botões	Przyciski
Boutique	Butik
Caro	Drogi
Confortável	Wygodny
Elegante	Elegancki
Estilo	Styl
Medidas	Pomiary
Moderno	Nowoczesny
Modesto	Skromny
Original	Oryginał
Prático	Praktyczny
Renda	Koronki
Roupa	Odzież
Simples	Prosty
Tecido	Tkanina
Tendência	Tendencja
Textura	Tekstura

Música
Muzyka

Álbum	Album
Balada	Ballada
Cantar	Śpiewać
Cantor	Piosenkarz
Clássico	Klasyczny
Coro	Chór
Gravação	Nagranie
Harmonia	Harmonia
Improvisar	Improwizować
Instrumento	Instrument
Lírico	Liryczny
Melodia	Melodia
Microfone	Mikrofon
Musical	Musical
Músico	Muzyk
Ópera	Opera
Poético	Poetycki
Ritmo	Rytm
Tempo	Tempo
Vocal	Wokal

Natureza
Przyroda

Abelhas	Pszczoły
Abrigo	Schronienie
Animais	Zwierząt
Ártico	Arktyczny
Beleza	Piękno
Deserto	Pustynia
Dinâmico	Dynamiczny
Erosão	Erozja
Floresta	Las
Folhagem	Liści
Geleira	Lodowiec
Nevoeiro	Mgła
Nuvens	Chmury
Pacífico	Spokojna
Rio	Rzeka
Santuário	Sanktuarium
Selvagem	Dziki
Sereno	Spokojny
Tropical	Tropikalny
Vital	Istotne

Negócios
Biznes

Carreira	Kariera
Custo	Koszt
Desconto	Rabat
Dinheiro	Pieniądze
Economia	Ekonomia
Empregado	Pracownik
Empregador	Pracodawca
Empresa	Firma
Escritório	Biuro
Fábrica	Fabryka
Finança	Finanse
Impostos	Podatki
Investimento	Inwestycja
Loja	Sklep
Lucro	Zysk
Mercadoria	Towar
Moeda	Waluta
Orçamento	Budżet
Rendimento	Dochód
Venda	Sprzedaż

Nutrição
Odżywianie

Amargo	Gorzki
Apetite	Apetyt
Calorias	Kalorie
Carboidratos	Węglowodany
Comestível	Jadalny
Dieta	Dieta
Digestão	Trawienie
Equilibrado	Zrównoważony
Fermentação	Fermentacja
Ingredientes	Składniki
Líquidos	Płyny
Molho	Sos
Peso	Waga
Proteínas	Białka
Qualidade	Jakość
Sabor	Smak
Saudável	Zdrowy
Saúde	Zdrowie
Toxina	Toksyna
Vitamina	Witamina

Números
Liczby

Cinco	Pięć
Decimal	Dziesiętny
Dez	Dziesięć
Dezesseis	Szesnaście
Dezessete	Siedemnaście
Dezoito	Osiemnaście
Dois	Dwa
Doze	Dwanaście
Nove	Dziewięć
Oito	Osiem
Quatorze	Czternaście
Quatro	Cztery
Quinze	Piętnaście
Seis	Sześć
Sete	Siedem
Treze	Trzynaście
Três	Trzy
Um	Jeden
Vinte	Dwadzieścia
Zero	Zero

Oceano
Ocean

Atum	Tuńczyk
Baleia	Wieloryb
Barco	Łódź
Camarão	Krewetka
Caranguejo	Krab
Coral	Koral
Enguia	Węgorz
Esponja	Gąbka
Golfinho	Delfin
Marés	Pływy
Medusa	Meduza
Ondas	Fale
Ostra	Ostryga
Peixe	Ryba
Polvo	Ośmiornica
Recife	Rafa
Sal	Sól
Tartaruga	Żółw
Tempestade	Burza
Tubarão	Rekin

Paisagens
Krajobrazy

Cascata	Wodospad
Caverna	Jaskinia
Colina	Wzgórze
Deserto	Pustynia
Geleira	Lodowiec
Golfo	Zatoka
Iceberg	Góra Lodowa
Ilha	Wyspa
Lago	Jezioro
Mar	Morze
Montanha	Góra
Oásis	Oaza
Oceano	Ocean
Pântano	Bagno
Península	Półwysep
Praia	Plaża
Rio	Rzeka
Tundra	Tundra
Vale	Dolina
Vulcão	Wulkan

Países #1
Kraje # 1

Alemanha	Niemcy
Brasil	Brazylia
Camboja	Kambodża
Canadá	Kanada
Egito	Egipt
Equador	Ekwador
Espanha	Hiszpania
Finlândia	Finlandia
Iraque	Irak
Israel	Izrael
Itália	Włochy
Índia	Indie
Mali	Mali
Marrocos	Maroko
Nicarágua	Nikaragua
Noruega	Norwegia
Panamá	Panama
Polônia	Polska
Senegal	Senegal
Venezuela	Wenezuela

Países #2
Kraje # 2

Albânia	Albania
Dinamarca	Dania
França	Francja
Grécia	Grecja
Haiti	Haiti
Indonésia	Indonezja
Irlanda	Irlandia
Jamaica	Jamajka
Japão	Japonia
Laos	Laos
Líbano	Liban
México	Meksyk
Nepal	Nepal
Nigéria	Nigeria
Paquistão	Pakistan
Rússia	Rosja
Síria	Syria
Somália	Somalia
Ucrânia	Ukraina
Uganda	Uganda

Pássaros
Ptaki

Avestruz	Struś
Águia	Orzeł
Cegonha	Bocian
Cisne	Łabędź
Corvo	Wrona
Cuco	Kukułka
Flamingo	Flaming
Frango	Kurczak
Gaivota	Mewa
Ganso	Gęś
Garça	Czapla
Ovo	Jajko
Papagaio	Papuga
Pardal	Wróbel
Pato	Kaczka
Pavão	Paw
Pelicano	Pelikan
Pinguim	Pingwin
Pombo	Gołąb
Tucano	Tukan

Plantas
Rośliny

Arbusto	Krzak
Árvore	Drzewo
Baga	Jagoda
Bambu	Bambus
Botânica	Botanika
Cacto	Kaktus
Erva	Zioło
Feijão	Fasola
Fertilizante	Nawóz
Flor	Kwiat
Flora	Flora
Floresta	Las
Folhagem	Liści
Grama	Trawa
Hera	Bluszcz
Jardim	Ogród
Musgo	Mech
Pétala	Płatek
Raiz	Źródło
Vegetação	Roślinność

Profissões #1
Zawody # 1

Advogado	Adwokat
Alfaiate	Krawiec
Artista	Artysta
Astrônomo	Astronom
Banqueiro	Bankier
Bombeiro	Strażak
Caçador	Myśliwy
Cartógrafo	Kartograf
Cientista	Naukowiec
Dançarino	Tancerz
Editor	Redaktor
Embaixador	Ambasador
Encanador	Hydraulik
Enfermeira	Pielęgniarka
Geólogo	Geolog
Joalheiro	Jubiler
Marinheiro	Marynarz
Músico	Muzyk
Pianista	Pianista
Psicólogo	Psycholog

Profissões #2
Zawody # 2

Agricultor	Rolnik
Astronauta	Astronauta
Bibliotecário	Bibliotekarz
Biólogo	Biolog
Cirurgião	Chirurg
Dentista	Dentysta
Engenheiro	Inżynier
Filósofo	Filozof
Fotógrafo	Fotograf
Ilustrador	Ilustrator
Inventor	Wynalazca
Investigador	Badacz
Jardineiro	Ogrodnik
Jornalista	Dziennikarz
Linguista	Językoznawca
Médico	Lekarz
Piloto	Pilot
Pintor	Malarz
Professor	Nauczyciel
Zoólogo	Zoolog

Psicologia
Psychologia

Avaliação	Ocena
Clínico	Kliniczny
Comportamento	Zachowanie
Compromisso	Spotkanie
Conflito	Konflikt
Ego	Ego
Emoções	Emocje
Experiências	Doświadczenia
Inconsciente	Nieprzytomny
Infância	Dzieciństwo
Influências	Wpływy
Pensamentos	Myśli
Percepção	Postrzeganie
Personalidade	Osobowość
Problema	Problem
Realidade	Rzeczywistość
Sensação	Uczucie
Sonhos	Marzenia
Subconsciente	Podświadomy
Terapia	Terapia

Química
Chemia

Alcalino	Alkaliczny
Ácido	Kwas
Calor	Ciepło
Carbono	Węgiel
Catalisador	Katalizator
Cloro	Chlor
Elementos	Elementy
Elétron	Elektron
Enzima	Enzym
Gás	Gaz
Hidrogênio	Wodór
Íon	Jon
Líquido	Ciecz
Molécula	Cząsteczka
Nuclear	Jądrowy
Orgânico	Organiczny
Oxigénio	Tlen
Peso	Waga
Sal	Sól
Temperatura	Temperatura

Restaurante # 2
Restauracja # 2

Aperitivo	Przystawka
Água	Woda
Bebida	Napój
Bolo	Ciasto
Cadeira	Krzesło
Colher	Łyżka
Delicioso	Pyszny
Especiarias	Przyprawy
Fruta	Owoc
Garçom	Kelner
Garfo	Widelec
Gelo	Lód
Jantar	Obiad
Legumes	Warzywa
Macarrão	Makaron
Ovo	Jaja
Peixe	Ryba
Sal	Sól
Salada	Sałatka
Sopa	Zupa

Restaurante #1
Restauracja # 1

Alergia	Alergia
Café	Kawa
Caixa	Kasjer
Carne	Mięso
Comer	Jeść
Cozinha	Kuchnia
Faca	Nóż
Frango	Kurczak
Garçonete	Kelnerka
Guardanapo	Serwetka
Ingredientes	Składniki
Menu	Menu
Molho	Sos
Pão	Chleb
Picante	Pikantny
Placa	Talerz
Reserva	Rezerwacja
Sobremesa	Deser
Tigela	Miska

Roupas
Ubrania

Avental	Fartuch
Blusa	Bluza
Calça	Spodnie
Camisa	Koszula
Casaco	Płaszcz
Chapéu	Kapelusz
Cinto	Pas
Colar	Naszyjnik
Jaqueta	Kurtka
Jeans	Dżinsy
Luvas	Rękawiczki
Meias	Skarpety
Moda	Moda
Pijama	Piżama
Pulseira	Bransoletka
Saia	Spódnica
Sandálias	Sandały
Sapato	But
Suéter	Sweter
Vestido	Sukienka

Saúde e Bem-Estar #1
Zdrowie i Wellness # 1

Altura	Wysokość
Ativo	Aktywny
Bactérias	Bakteria
Clínica	Klinika
Doutor	Lekarz
Farmácia	Apteka
Fome	Głód
Fratura	Złamanie
Hábito	Nawyk
Hormones	Hormony
Medicina	Medycyna
Nervos	Nerwy
Ossos	Kości
Pele	Skóra
Postura	Postawa
Reflexo	Odruch
Relaxamento	Relaks
Terapia	Terapia
Tratamento	Leczenie
Vírus	Wirus

Saúde e Bem-Estar #2
Zdrowie i Wellness # 2

Alergia	Alergia
Anatomia	Anatomia
Apetite	Apetyt
Caloria	Kaloria
Corpo	Ciało
Desidratação	Odwodnienie
Dieta	Dieta
Digestão	Trawienie
Doença	Choroba
Energia	Energia
Genética	Genetyka
Higiene	Higiena
Hospital	Szpital
Humor	Nastrój
Infecção	Infekcja
Massagem	Masaż
Peso	Waga
Sangue	Krew
Saudável	Zdrowy
Vitamina	Witamina

Tempo
Czas

Agora	Teraz
Ano	Rok
Antes	Przed
Anual	Roczne
Calendário	Kalendarz
Década	Dekada
Dia	Dzień
Futuro	Przyszłość
Hoje	Dzisiaj
Hora	Godzina
Manhã	Rano
Meio-Dia	Południe
Mês	Miesiąc
Minuto	Minuta
Momento	Moment
Noite	Noc
Ontem	Wczoraj
Relógio	Zegar
Semana	Tydzień
Século	Stulecie

Tipos de Cabelo
Rodzaje Włosów

Branco	Biały
Brilhante	Błyszczący
Cachos	Loki
Careca	Łysy
Cinza	Szary
Colori	Kolorowe
Encaracolado	Kręcone
Fino	Cienki
Grosso	Gruby
Loiro	Blond
Longo	Długie
Marrom	Brązowy
Ondulado	Falisty
Prata	Srebro
Preto	Czarny
Saudável	Zdrowy
Seco	Suchy
Suave	Miękki
Trançado	Pleciony
Tranças	Warkocze

Universo
Wszechświat

Asteróide	Asteroida
Astronomia	Astronomia
Astrônomo	Astronom
Atmosfera	Atmosfera
Celestial	Niebiański
Céu	Niebo
Cósmico	Kosmiczny
Eon	Eon
Equador	Równik
Galáxia	Galaktyka
Hemisfério	Półkula
Horizonte	Horyzont
Lua	Księżyc
Órbita	Orbita
Solar	Słoneczny
Solstício	Przesilenie
Telescópio	Teleskop
Trevas	Ciemność
Visível	Widoczny
Zodíaco	Zodiak

Vegetais
Warzywa

Abóbora	Dynia
Aipo	Seler
Alcachofra	Karczoch
Alho	Czosnek
Batata	Ziemniak
Beringela	Bakłażan
Brócolis	Brokuły
Cebola	Cebula
Cenoura	Marchewka
Chalota	Szalotka
Cogumelo	Grzyb
Ervilha	Groch
Espinafre	Szpinak
Gengibre	Imbir
Nabo	Rzepa
Pepino	Ogórek
Rabanete	Rzodkiewka
Salada	Sałatka
Salsa	Pietruszka
Tomate	Pomidor

Veículos
Pojazdy

Ambulância	Ambulans
Avião	Samolot
Balsa	Prom
Barco	Łódź
Bicicleta	Rower
Caminhão	Ciężarówka
Caravana	Karawana
Carro	Samochód
Foguete	Rakieta
Furgão	Van
Helicóptero	Śmigłowiec
Jangada	Tratwa
Lambreta	Skuter
Metrô	Metro
Motor	Silnik
Ônibus	Autobus
Pneus	Opony
Submarino	Łódź Podwodna
Táxi	Taxi
Trator	Ciągnik

Xadrez
Szachy

Branco	Biały
Campeão	Mistrz
Concurso	Konkurs
Desafios	Wyzwania
Diagonal	Przekątna
Estratégia	Strategia
Jogador	Gracz
Jogo	Gra
Oponente	Przeciwnik
Passivo	Bierny
Pontos	Punkty
Preto	Czarny
Rainha	Królowa
Regras	Zasady
Rei	Król
Sacrifício	Poświęcenie
Tempo	Czas
Torneio	Turniej

Parabéns

Conseguiu!

Esperamos que tenha gostado tanto deste livro como nós gostamos de o desenhar. Esforçamo-nos por criar livros da mais alta qualidade possível.
Esta edição foi concebida para proporcionar uma aprendizagem inteligente, de qualidade e divertida!

Gostou deste livro?

Um simples pedido

Estes livros existem graças às críticas que publica.
Pode ajudar-nos, deixando agora uma revisão?

Aqui está um pequeno link para
a sua página de revisão:

BestBooksActivity.com/Avaliacoes50

DESAFIO FINAL!

Desafio n° 1

Está pronto para o seu jogo grátis? Usamo-los a toda a hora, mas não são tão fáceis de encontrar - aqui estão os **Sinônimos!**
Escreva 5 palavras que encontrou nos puzzles (n° 21, n° 36, n° 76) e tente encontrar 2 sinónimos para cada palavra.

Escreva 5 palavras de **Puzzle 21**

Palavras	Sinônimo 1	Sinônimo 2

Escreva 5 palavras de **Puzzle 36**

Palavras	Sinônimo 1	Sinônimo 2

Escreva 5 palavras de **Puzzle 76**

Palavras	Sinônimo 1	Sinônimo 2

Desafio n° 2

Agora que já aqueceu, escreva 5 palavras que encontrou nos Puzzles (n° 9, n° 17 e n° 25) e tente encontrar 2 antônimos para cada palavra. Quantos se podem encontrar em 20 minutos?

Escreva 5 palavras de **Puzzle 9**

Palavras	Antônimo 1	Antônimo 2

Escreva 5 palavras de **Puzzle 17**

Palavras	Antônimo 1	Antônimo 2

Escreva 5 palavras de **Puzzle 25**

Palavras	Antônimo 1	Antônimo 2

Desafio nº 3

Óptimo! Este desafio final   não é nada para si.

Pronto para o desafio final? Escolha 10 palavras que tenha descoberto nos diferentes puzzles e escreva-as abaixo.

1.	6.
2.	7.
3.	8.
4.	9.
5.	10.

Agora escreva um texto a pensar numa pessoa, num animal ou num lugar de seu agrado.

Pode utilizar a última página deste livro como um rascunho.

A Sua Composição:

CADERNO DE NOTAS:

ATÉ BREVE!

A equipa Inteira

DESCUBRA JOGOS GRATUITOS

GO

↓

BESTACTIVITYBOOKS.COM/FREEGAMES